초등 공부가 쉬워지는 그림책 수업

그림책으로 키우는 우리 아이 사고력

초등 공부가 쉬워지는
그림책 수업

그림책 읽기 습관이
초등 학습력을 결정합니다

그림책사랑교사모임 지음

샘터

들어가는 말

그림책은 글과 그림으로 이야기를 전달하는 매체입니다. 글과 그림이 서로를 보완하며 또는 어긋나는 메시지를 던지며 작품의 주제를 더 명확하게 보여 주지요. 그림책 읽기는 텍스트 읽기와 의미 해석을 넘어 글과 그림이 전하는 복합적인 의미를 찾아내는 과정입니다. 아이들은 그림책을 읽으며 끊임없이 생각합니다. 궁금한 점을 질문으로 쏟아 내고 머릿속으로 자신만의 이야기를 만들기도 합니다. 주인공의 마음에 공감하며 작품의 메시지를 머리가 아닌 마음으로 느끼게 되지요.

또 그림책은 사회의 관심사와 문제를 아이들 눈높이로 전달해 여러 메시지를 깊게 이해하도록 돕습니다. 시각적 단서와 이야기를 해석하는 경험을 통해 비판적 사고력이 자라는 것이지요. 예를 들어 한 장면을 여러 각도에서 바라보며 의견을 나누는 과정에서 문제 해결 능력과 비판적 사고가 더욱 정교하게 발전합니다. 그림책이 독서의 즐거움을 알려 주는 것을 넘어 상상력과 사고력을 확장하고, 문제를 복합적으로 이해하도록 이끄는 교육 도구의 역할을 한다는 뜻입니다. 아이들은 그림책 속 이야기를 통해 폭넓은 사고 능력, 문제를 창의적으로 해결하는 능력을 키우게 됩니다.

초등학교 입학 전후는 읽기 습관을 형성하고 언어 능력의 기초를 다지는 매우 중요한 시기입니다. 이때의 독서 경험은 지식 습득을 넘어 아이들의 상상력과 창의력을 자극하며, 주변 사람의 감정을 이해하면서 공감하는 능력을 키우는 데 중요한 역할을 합니다. 이 시기에 얻는 배경지식과 사고력은 초등학교에서의 학업 성취에도 긍정적인 영향을 미칩니다.

이 책에서 살펴볼 그림책은 나와 친구, 가족과 이웃, 동물과 사회, 전쟁과 세계 평화, 지구와 자연환경, 미래와 과학 기술까지 폭넓은 내용을 다룹니다. 초등 교육 과정을 기반으로 선정한 30개 주제는 1~2학년 통합 교과부터 5~6학년 과정까지 반복해 나오는 핵심 학습 내용으로, 우리 아이들이 꼭 생각해 봐야 할 사회 문제입니다. 그림책을 통해 만난 세상은 나와 주변, 세상을 이해하고 더불어 사는 방법을 모색하는 데 도움이 될 것이며, 이는 국어 교과와 사회 교과 학습 성취로 이어질 것입니다.

또한 그림책을 읽으며 2022 개정 교육 과정의 핵심 역량인 자기 관리 역량, 자기 이해를 바탕으로 주변 세계를 탐색하는 지식 정보 처리 역량, 창의적 사고 역량, 공동체 역량 등을 기를 수 있도록 구성했습니다. 다음 3단계 읽기 활동을 통해 효과적으로 핵심 역량을 키울 수 있을 것입니다.

1단계 그림책 소개에서는 호기심 유발과 상상력 자극을 위해 간단한 그림책 소개를 제시하고, 비판적 사고 확장을 돕기 위해 주제와 관련해 생각해 보면 좋을 몇 가지 질문을 던집니다.

2단계 주제 설명에서는 관련 문제를 깊이 있게 이해할 수 있도록 핵심 개념과 관련 현상을 눈높이에 맞추어 설명하고, 해결 방법을 스스로 생각해 보도록 단서를 제시합니다. 글의 중심 문장을 찾는 활동을 통해 문해력을 기를 수 있으며, 어휘력 향상에 도움이 되도록 어려운 단어는 사전적 의미를 수록했습니다.

3단계 학습 활동에서는 문제를 풀며 내용을 이해했는지 확인하고, 문항의 질문을 통해 책 속 주인공의 입장에서 생각하는 연습을 합니다. 이어서 주변 사람과 대화하고 글을 쓰는 활동을 통해 나의 생각을 정리할 수 있습니다. 국어과 교육 과정에서 중시하는 자신의 생각을 말과 글로 논리적으로 표현하는 활동은, 초등 고학년에서의 학업 성취로 자연스럽게 연계될 것입니다.

활동의 말미에는 같은 주제에 대해 또 다른 시각을 담은 그림책을 소개합니다. 다양한 그림책 경험이 쌓이면 더 깊은 창의적 사고가 가능해지고, 이는 독서에 대한 흥미로 이어져 즐거운 읽기 습관이 형성될 것입니다.

학습 성취와 결부되는 자녀의 읽기 습관 형성에 가장 중요한 것은 바로 주변 사람의 도움입니다. 가정에서는 부모의 도움이, 학교에서는 교사의 도움이 필요합니다. 초등학교 입학 전, 읽기 독립이 완전하게 이루어지지 않은 어린아이라면 우선적으로 가정에서의 그림책 읽기 교육이 중요합니다. 부모는 글보다 그림 설명에 집중해 자녀가 이야기를 자신만의 방식으로 해석할 수 있도록 도와야 합니다. 그림책을 읽고 나누는 대화를 통해 사고가 확장되면 독서가 재미있다는 긍정적인 인식이 생겨나고, 이는 아이를 책을 사랑하는 평생

독자로 만들어 줄 것입니다.

또한 학교에서는 단순히 책을 읽는 과제를 부과하기보다 독서의 즐거움을 느낄 수 있도록 다양한 읽기 활동과 토론을 장려해야 합니다. 사회적으로 독서의 가치를 높이고, 아이들이 다양한 책을 쉽게 접할 수 있도록 도서관 접근성을 개선하고, 독서 문화를 확산시키는 노력이 필요합니다. 《초등 공부가 쉬워지는 그림책 수업》이 가정과 학교, 사회의 독서 교육이 활성화되는 데 작게나마 도움이 되기 바랍니다.

그림책을 사랑하는 마음을 담아
그림책사랑교사모임

이 책의 활용 방법

1단계 주제별 그림책 읽기

1. 제목을 보고 주제를 확인해요
- 별점으로 핵심 사고력인 창의·비판 사고력이 얼마나 자라는지 알 수 있어요.

2. 그림책 소개 글과 그림책을 읽어요
- 소개 글을 읽고 표지를 보며 책의 내용을 짐작해요.
- 글과 그림을 유심히 살펴보고 여러 번 읽어도 좋아요.

> 스마트폰이 없으면 불안해져요!
>
> 창의 사고력 ★★★☆☆
> 비판 사고력 ★★★★☆
>
> 《스마트폰을 공짜로 드립니다》 미우 지음
>
> 우리가 잘 아는 전래 동화 토끼와 거북이 이야기다. 숲속 토끼 마을에 스마트폰을 공짜로 준다○○들은 버스를 타고 용궁으로 갑니다. 그런데

2단계 함께 생각해요 & 본문 읽기

1. 본문을 소리 내 읽어요
- 문단별로 끊어 읽으며 문단의 중심 문장에 밑줄을 그어요.
- 모르는 낱말은 색연필 등으로 표시하면서 읽어요.

2. '사고력을 키우는 어휘'를 읽어요
- 어떤 상황에서 쓰였는지 확인하며 읽으면 더 쉽게 이해할 수 있어요.

> ○화와 **반려동물 등록제** 강화 등 제도 개선도 필요○ 여전히 가벼운 마음으로 반려동물을 데려와 ○사람이 많습니다. 동물 보호 단체인 동물자유연○ 캠페인으로 유기 동물을 줄이기 위해 노력하고 ○보호소에서 반려동물을 입양하고, 반려동물을 ○의미가 담긴 캠페인이지요. 반려동물도 가족이라○
>
> 사고력을 키우는 어휘
> · **농림축산식품부** 농산과 축산, 식량과 농지, 식품 산업 진흥○

3단계 내용을 확인해요 & 사고력을 높여요

1. 내용 확인 문제를 풀어요
- 잘 기억나지 않으면 '함께 생각해요'를 다시 한번 읽고 풀어 봐요. 단어 찾기, 선 잇기 등 다양한 문제가 수록돼 있어요.

2. 사고력을 높이는 질문에 답해요
- 정답이 있는 질문이 아니니 다양하게 답해 보고 옆 사람의 답변에도 귀 기울여요.

3. 나라면 어떻게 행동했을지 상상해요
- 그림책 속 등장인물의 상황이 되었다고 가정하고, 계획 세우기, 그림 그리기 등 다양한 활동을 해 봐요.

4. 토론 주제와 찬성, 반대 의견을 읽어 보고 내 입장을 정해요
- 옆 사람과 찬성과 반대의 입장에서 토론하듯 생각을 나누어요.

5. 내 생각을 글로 정리해요
- 생각 한 줄, 이유 한 줄을 적는 것에서 시작해 글의 양을 늘려 가 보세요.

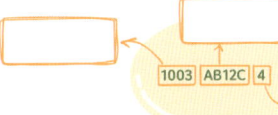

더 읽어 봐요

같은 주제를 다른 시각에서 풀어내는 그림책을 소개해요. 여러 이야기를 통해 세상을 보는 시야가 넓어져요.

차례

들어가는 말   4
이 책의 활용 방법   8

1장 나와 친구, 이웃의 마음을 헤아려요

- 스마트폰이 없으면 불안해져요!   14
- 내 외모가 못생겨 보여요   20
- 친해지려면 욕을 해야 한다고?   26
- 장난이었다는 말은 이제 그만!   32
- 쿵쿵쿵, 집에서는 편히 쉬고 싶어요!   38

2장 가족 같은 친구, 동물들의 입장을 상상해요

- 오늘은 늦게 오나 봐요!   46
- 사람들은 왜 나를 가두고 구경할까?   52
- 평생 좁은 닭장에 갇혀 알을 낳아야 한다니!   58
- 가족과 친구가 사라졌어요   64
- 같이 먹고살면 안 될까요?   70

3장 다른 사람, 다른 나라의 환경을 이해해요

- 여자다운 것도, 남자다운 것도 없어!   78
- 불편해도 느려도 해낼 수 있어요   84
- 나와 달라서 오히려 좋아요   90
- 전쟁터로 간 아이, 일터로 간 아이   96
- 굶주림과 싸우는 사람들이 있어요   102

4장 갈등 없는 세상, 더불어 사는 삶을 이야기해요

- 싸우면 모두가 불행해져요! 110
- 힘을 합쳐 독도를 지켜요 116
- 갈라졌어도 한 민족이에요 122
- 어른들의 전쟁에 아이들이 고통받아요 128
- 손을 내밀어 함께해요 134

5장 우리의 터전, 지구의 위기를 해결해요

- 빙하가 녹으면 우리 집이 없어진다고? 142
- 오늘의 미세 먼지 농도가 궁금해요 148
- 편리하다는 건 비겁한 변명이에요 154
- 내가 플라스틱을 먹고 있었다니! 160
- 쓰레기도 다 버리는 방법이 있구나 166

6장 과학이 바꿀 미래, 우리의 역할을 생각해요

- 힘들어도 어려워도 친환경 에너지! 174
- 기술 발전에는 큰 책임이 따라요 180
- 코로나19보다 강력한 바이러스가 온다면? 186
- 인공 지능에 내 삶을 빼앗길 순 없어! 192
- 세계는 지금 우주 탐험 중! 198

도서 이미지 출처 204
참고 자료 205

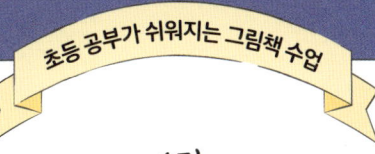

· 1장 ·

나와 친구, 이웃의 마음을 헤아려요

스마트폰이 없으면 불안해져요!

창의 사고력 ★★★☆
비판 사고력 ★★★★☆

《스마트폰을 공짜로 드립니다》 미우 지음

우리가 잘 아는 전래 동화 토끼와 거북이 이야기에 스마트폰이 등장하는 책입니다. 숲속 토끼 마을에 스마트폰을 공짜로 준다는 현수막이 걸립니다. 현수막을 본 토끼들은 버스를 타고 용궁으로 가는데, 그곳에서 공짜 스마트폰을 받고 싶다면 용왕의 병을 낫게 할 간을 내놓아야 한다는 말을 듣게 됩니다. 토끼들은 꾀를 내 간을 마을에 놓고 왔다며 거짓말하고, 자라는 토끼들에게 미리 사용할 수 있는 스마트폰을 하나씩 주며 마을에 도착하면 간을 달라고 말합니다. 토끼들이 스마트폰에 푹 빠지자 그 모습을 본 자라는 "토끼들이 스마트폰에 중독됐으니, 이제 간뿐만 아니라 심장도 준다고 할 거야!"라며 자신합니다. 과연 토끼들은 간을 내주게 될까요?

함께 생각해요

우리는 부모님, 친구들과 스마트폰을 통해 연락하고 다양한 앱을 활용해 공부와 게임을 합니다. 그런데 우리가 모든 생활을 스마트폰에 의존하면 어떻게 될까요? 식당에 가면 여러 가족이 대화하는 대신 스마트폰에 집중하는 모습을 볼 수 있습니다. 스마트폰 화면만을 바라보며 식사하는 것을 건강한 가족의 모습이라고 할 수 있을까요? 우리가 스마트폰을 현명하게 사용할 수 있는 방법은 무엇일까요?

스마트폰은 현대 사회에 필수적인 도구로, **의사소통**의 수단이자 다양한 학습과 교육을 도와주는 물건입니다. 우리는 여러 앱을 활용해 창의력과 호기심을 충족할 수도 있습니다. 하지만 스마트폰을 과도하게 사용할 때 예상되는 단점도 많습니다. 건강이 나빠지거나 사회성 발달이 **저해**되고 **부적절**한 콘텐츠에 노출될 위험이 생기지요.

최근에는 일상생활을 하지 못할 정도로 스마트폰에 의존하는 사람이 점점 늘고 있습니다. 그중 초등학생을 포함한 청소년의 스마트폰 과의존 위험군의 비율은 얼마나 될까요? 과의존 위험군은 인터넷, 스마트폰에 지나치게 의존해 전문가 상담이 필요할 정도로 일상생활에 문제가 생긴 '위험 사용자군'과 의존도는 상대적으로 낮지만 사용 시간이 점차 늘어나 조절하기 어려워하는 '주의 사용자군'을 포함하는 말입니다. 2023년 **여성가족부**에서 실시한 스마트폰 과의존 실태 조사에 따르면 초등학생은 16%, 중학생은 20%, 고등학생은 36.6%로 청소년의 과의존 위험군 비율이 높다는 사실을 알 수 있습니다.

과의존의 특징은 스마트폰을 **현저**하게 사용한다는 점과 사용 시간 조절에 실패한다는 점, 문제적 결과를 보인다는 점입니다. 이 중 가장 크게 나타나는 문제는 사용 시간 조절 실패입니다. 이는 상당수의 청소년이 디지털 기기를 사용할 때 **자율성**이 부족해 **중독**된 것처럼 끌려다닌다는 의미입니다. 따라서 부모님과 선생님은 아이들이 디지털 기기를 주도적으로 사용할 수 있도록 스마트폰 외에 다양한 활동을 접하게 해야 합니다.

어떻게 해야 올바른 스마트폰 사용 습관을 기를 수 있을까요? 첫째, 사용 목적과 이용 시간 등을 명확히 정해 효율적으로 사용하면 좋습니다. 인터넷 강의 듣기, 공부를 위한 검색, 학습 관련 앱 사용, 부모님이나 친구들과 연락 등 사용 목적과 시간을 정하고 계획대로 쓰는 것이지요. 이때 게임이나 SNS(Social Network Service,

소셜 네트워크 서비스)를 하고 싶다면 사용하되 그 시간을 **제한**하는 편이 바람직합니다. 둘째, 스마트폰 없이도 즐겁게 생활할 수 있도록 스마트폰을 **대체**할 수 있는 활동을 찾아야 합니다. 예를 들어 독서와 운동을 하고 가족과 대화하면 스마트폰 없이도 유익한 시간을 보낼 수 있습니다.

스마트폰은 우리 생활을 더 풍요롭게 해 주는 유용한 도구지만 올바르게 사용해야 한다는 점을 늘 기억해야 합니다. 이때 부모님도 함께 스마트폰의 장단점을 이해하고 현명한 사용 습관을 가지려 노력한다면 아이들이 더 건강하게 성장할 수 있지 않을까요?

사고력을 키우는 어휘

- **의사소통** 사실, 생각, 의견, 감정 교환을 통해 서로 생각이나 뜻이 통함
- **저해** 막아서 못 하도록 해침
- **부적절** 어떤 일이나 행동이 하기에 알맞지 않음
- **여성가족부** 여성과 청소년, 가족을 위한 행정 업무를 맡아 보는 중앙 행정 기관
- **현저** 어떤 생활 습관이 다른 것보다 두드러지고 가장 중요한 활동이 됨
- **자율성** 스스로의 원칙에 따라 행동하고 결정하는 성질
- **중독** 어떤 것을 지나치게 많이 접해 해로운 결과에 이르지만 그것을 조절하지 못하고 계속함
- **제한** 일정한 한도를 정하거나 그 한도를 넘지 못하도록 막음
- **대체** 다른 것으로 대신함

내용을 확인해요

✱ 빈칸에 알맞은 단어를 찾아 써 보세요.

_____은 인터넷, 스마트폰 의존도가 높아 전문가 상담이 필요할 정도로 일상생활에 문제가 생긴 '위험 사용자군', 의존도는 상대적으로 낮지만 사용 시간이 점차 늘어나 조절에 어려움을 겪는 '주의 사용자군'을 포함하는 말입니다.

✱ 설명을 읽고 맞는 것에는 O로, 틀린 것에는 X로 표기하세요.

- 2023년 실태 조사에 따르면 초등학생의 과의존 위험군 비율이 제일 높다. ( )
- 주의 사용자군은 스마트폰 사용 시간 조절에 어려움을 겪는 사람들이다. ( )
- 스마트폰은 자율성을 가지고 자기 주도적으로 사용하는 것이 바람직하다. ( )
- 스마트폰 과의존의 세 가지 특성 중 가장 큰 문제는 현저한 스마트폰 사용이다. ( )

✱ 스마트폰을 잘 활용하면 어떤 점이 좋을까요? 반대로 스마트폰을 너무 많이 사용하면 어떤 문제가 생길까요? 스마트폰의 장단점을 두 가지씩 적어 보세요.

장점	단점

사고력을 높여요

✱ 그림책을 읽고 답해 보세요.

하나 ❀ 책 속에서 생각하기

- 자라는 왜 토끼들에게 스마트폰을 미리 주며 사용하라고 했을까요?
- 스마트폰에 푹 빠진 토끼들에게 어떤 신체 변화가 생겼나요?
- '스마트폰을 공짜로 드립니다'라는 말에는 어떤 뜻이 숨어 있을까요?

둘 🌼 나와 내 주변으로 생각 넓히기

- 스마트폰이 우리에게 주는 장점은 무엇인가요?
- 스마트폰을 사용하지 못해 속상하거나 힘들었던 경험이 있나요?
- 스마트폰을 현명하게 사용하기 위해 어떤 노력을 하면 좋을까요?

✽ 스마트폰을 올바르게 사용하기 위한 나만의 사용 수칙을 정해 보세요.

예) 내가 정한 스마트폰 사용 약속	내가 정한 스마트폰 약속
♣ 사용 시간 나는 오후 3~4시와 8~9시, 하루 두 시간 사용하겠습니다.	♣ 사용 시간
♣ 사용 내용 ○○ 앱을 사용하고, ××앱과 게임에는 사용하지 않겠습니다.	♣ 사용 내용
♣ 그 외에 지키고 싶은 점 나쁜 말을 사용하지 않고, 친구를 따돌리는 온라인 폭력을 하지 않겠습니다.	♣ 그 외에 지키고 싶은 점

✽ 이야기하고 쓰면서 생각을 정리해 보세요.

하나 🌼 옆 사람과 생각 나누기

초등학생의 스마트폰 사용 시간을 제한해야 할까요?

제한해야 한다

① 중독을 예방할 수 있다.
스마트폰 중독을 예방하고 건강한 디지털 기기 사용 습관을 기를 수 있기 때문이다.

② 건강이 나빠진다.
장시간 사용하면 시력 저하, 수면 장애 등 다양한 건강 문제가 생길 수 있다.

제한하면 안 된다

① 개인의 자율성을 침해한다.
개개인의 특성과 필요에 따라 자유롭게 스마트폰 사용 시간을 조절할 수 있어야 한다.

② 사회성 발달을 저해한다.
소통과 정보 교류의 수단인 스마트폰의 사용 시간을 제한하면 관계 형성과 사회성 발달에 어려움이 생긴다.

둘 🌸 나의 생각 적기

📑 **더 읽어 봐요**

《배고픈 늑대가 사냥하는 방법》 밤코 지음 | 미래엔아이세움
우리가 스마트폰에 푹 빠진 사이, 주변에서는 어떤 일이 벌어질까요? 늑대는 배가 고파 인간을 유인해 잡아 먹으려 합니다. 스마트폰에 중독돼 자신들이 늑대 배 속으로 들어가는 것도 깨닫지 못하는 인간들의 모습에서 스마트폰 중독의 무서움을 알 수 있습니다.

《눈이 바쁜 아이》 안드레 카힐류 지음 | 이현아 옮김 | 올리
주인공은 그저 핸드폰에 얼굴을 푹 파묻고 걷습니다. 아이는 핸드폰이 부서지고 나서야 고개를 들어 주위를 둘러보고 곁에 있는 사람들의 눈을 바라봅니다. 스마트폰이 보여 주는 가짜 세상이 아닌 눈앞의 진짜 세상이 주는 아름다움을 발견할 수 있습니다.

《스마트폰 이제 그만!》 마리나 누녜스 글·아비 오페르 그림 | 윤사라 옮김 | 베틀북
아이는 엄마와 아빠가 자신보다 스마트폰을 더 가까이해서 고민입니다. 자신을 도와줄 할머니를 찾아간 아이는 부모님과 스마트폰 없이도 즐겁게 시간을 보낼 수 있는 방법을 듣습니다. 아이는 사람들을 스마트폰에서 떨어뜨리려 하는데, 과연 어떤 방법을 궁리했을까요?

내 외모가
못생겨 보여요

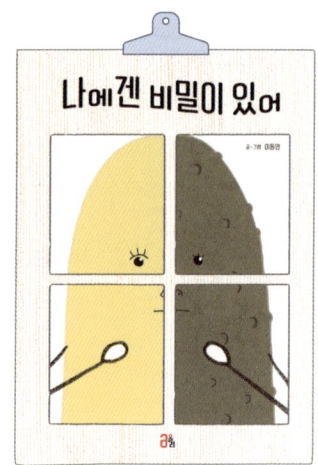

창의 사고력 ★★★★☆
비판 사고력 ★★★★☆

《나에겐 비밀이 있어》 이동연 지음

남모를 비밀을 가진 망고는 친구들에게 인기가 많지만 스스로의 모습을 좋아하지 않습니다. 사실 망고는 아보카도이기 때문입니다. 친구들이 아보카도인 자신을 싫어할까 봐 망고로 분장하고 다닌 것이지요. 망고는 진짜 모습을 들키지 않기 위해 부단히도 애쓰지만 결국 비밀이 들통나고 맙니다. 위험에 빠진 친구를 구하기 위해 분장을 포기하고 친구를 선택했기 때문이지요. 그런데 망고의 우려와 달리 친구들은 아보카도의 모습을 한 망고를 피하거나 꺼리지 않고 있는 그대로 받아들입니다. 망고는 친구들 덕분에 있는 그대로의 자신을 사랑하게 되고, 아보카도의 모습으로 당당히 살아갑니다.

함께 생각해요

망고는 친구들의 따뜻한 한마디 덕분에 외모 콤플렉스를 극복할 수 있었습니다. 친구들이 망고의 진짜 모습을 보고도 "네가 망고든 아보카도든, 넌 우리 친구야!"라고 말해 주었기 때문이지요. 외모 콤플렉스를 극복하기 위해 필요한 것은 자신의 모습을 있는 그대로 인정하고 사랑하는 마음입니다. 겉모습은 나의 전부가 아닙니다. 있는 그대로의 나를 받아들이기 위해 아끼고 사랑해야 할 내 모습을 찾아봅시다.

외모 지상주의는 '외모에 가치의 중심을 두는 사고방식'으로, 마음과 생각 등 내면의 아름다움보다 겉으로 보이는 외적 요소인 외모, 키, 옷차림 등을 지나치게 중요시하는 현상을 말합니다.

　예나 지금이나 아름다움에 대한 관심은 늘 존재했으며 그 기준은 문화와 시대에 따라 달라졌습니다. 동양과 서양, 조선 시대와 지금의 아름다움의 기준이 다른 것처럼 말이지요. 우리는 급속히 유입된 **서구**의 문화를 **우월**하다고 여기게 되면서 서양식 미의 기준에 큰 영향을 받았습니다. 서양인의 체형인 큰 키와 작은 얼굴, 큰 눈 등을 미의 기준으로 삼고 작은 키와 작은 눈을 아름답지 않다고 생각하게 된 것입니다.

　문제는 청소년기 아름다움에 대한 관심이 외모에 대한 관심으로 이어지면서 외모 **콤플렉스**로 나타나는 일이 적지 않다는 점입니다. 외모 콤플렉스는 자신의 신체 모습에 만족하지 못하는 데서 생기는 마음입니다. 외모 콤플렉스를 느끼는 연령은 낮아지고 있는데, 최근에는 초등학생도 자신의 외모나 키에 대해 만족하지 못하는 낮은 **신체 자아상**을 가집니다.

　아이들이 쉽게 접하는 TV, SNS, 유튜브 등 여러 매체는 신체 자아상이 낮아지는 데 큰 영향을 미칩니다. 매체에서 마른 몸과 큰 눈, 높은 코 등을 가진 사람만을 예쁘고 아름답게 표현하기 때문이지요. 아이들은 이러한 미의 기준에 부합하는 유명인을 동경하게 되고, 이때 SNS 같은 소셜 미디어에 무분별하게 노출되면 화면 속 다른 사람들과 자신의 모습을 비교하기 쉬워집니다. 나의 신체를 낮게 평가하거나 내 외모를 **획일화**된 미의 기준에 맞추려 하는 데서 외모 지상주의, 즉 외모 콤플렉스가 생기는 셈이지요.

　적당한 외모 가꾸기는 스스로에 대한 만족감을 높여 자신감이 올라가는 긍정적인 효과를 불러옵니다. 하지만 외모에 대한 지나친 관심과 외모 콤플렉스는 한창

자랄 시기인 아이들의 건강한 몸과 마음의 성장을 방해합니다. 무리한 다이어트와 화장, 염색 등의 지나친 외모 가꾸기로 이어져 건강을 해치고 학업에 대한 집중력을 떨어뜨리지요. 무엇보다 신체 자아상이 낮아지면 자존감도 떨어져 매사에 자신감을 가지지 못하고 우울감을 드러냅니다.

내면의 아름다움을 무시한 채 외적인 아름다움에만 치중하면 얻는 것보다 잃는 것이 더 많습니다. 계속해서 내 모습에서 불만족스러운 부분을 찾다가 외모 콤플렉스가 심해지기도 하지요. 대부분의 외모 콤플렉스는 다른 사람의 시선을 의식하기 때문에 생겨납니다. 남과 비교하는 대신 나의 모습을 소중하게 여기고, 외면의 아름다움을 넘어 내면의 아름다움을 가꾸어 보면 어떨까요? 서로 다르기 때문에 조화롭게 빛난다는 사실을 기억한다면, 외모 콤플렉스를 극복하고 나의 있는 그대로의 모습을 더 아끼고 사랑할 수 있을 것입니다.

사고력을 키우는 어휘

- **서구** 서양을 이루는 유럽과 북아메리카를 통틀어 이르는 말
- **우월** 다른 것보다 나음
- **콤플렉스(complex)** 스스로에게 만족스럽지 않은 부분이나 억눌린 열등감을 가리키는 말
- **신체 자아상** 자신의 신체와 외모에 대한 자각, 평가, 태도 등
- **획일화** 모두가 같아서 다름이 없게 됨

내용을 확인해요

✱ 외모 지상주의의 뜻을 찾아 써 보세요.

_____ 아름다움보다 겉으로 보이는 _____ 요소인 외모, 키, 옷차림 등의 아름다움만을 중요시하는 현상입니다.

✱ 외모 콤플렉스가 생기는 이유가 아닌 것은 무엇일까요?

① 다른 사람과 나의 모습을 비교하기 때문에
② TV 속 연예인들의 모습만 예쁘고 멋지다고 생각하기 때문에
③ 매체에서 마른 몸과 큰 눈, 높은 코 등을 가진 사람만을 아름답게 표현하기 때문에
④ 낮은 신체 자아상을 가지기 때문에
⑤ 나의 모습을 있는 그대로 아끼고 사랑하기 때문에

✱ 외모 콤플렉스를 극복하기 위한 방법을 적어 보세요.

사고력을 높여요

✱ 그림책을 읽고 답해 보세요.

하나  **책 속에서 생각하기**

· 망고처럼 나의 진짜 모습을 숨기고 지낸다면 어떤 마음이 들까요?
· 내가 체리라면 망고의 진짜 모습을 알았을 때 무슨 말을 해 주었을까요?
· 진짜 모습인 아보카도로 살게 된 망고의 삶은 어떻게 달라질까요?

둘 ❋ 나와 내 주변으로 생각 넓히기

· 망고처럼 숨기고 싶은 콤플렉스가 있나요? 있다면 무엇인가요?
· 콤플렉스를 극복하기 위해 주변 사람들에게 받고 싶은 도움이 있다면 무엇인가요?
· 콤플렉스 때문에 힘들어하거나 고민하는 친구가 있다면 어떤 도움을 줄 수 있을까요?

❋ 거울을 보거나 사진을 찍어 나의 모습을 자세히 들여다보며 소중한 나의 얼굴을 그려 봅시다. 그리고 내가 생각하는 나의 외모 콤플렉스를 장점으로 바꾸어 적어 보세요.

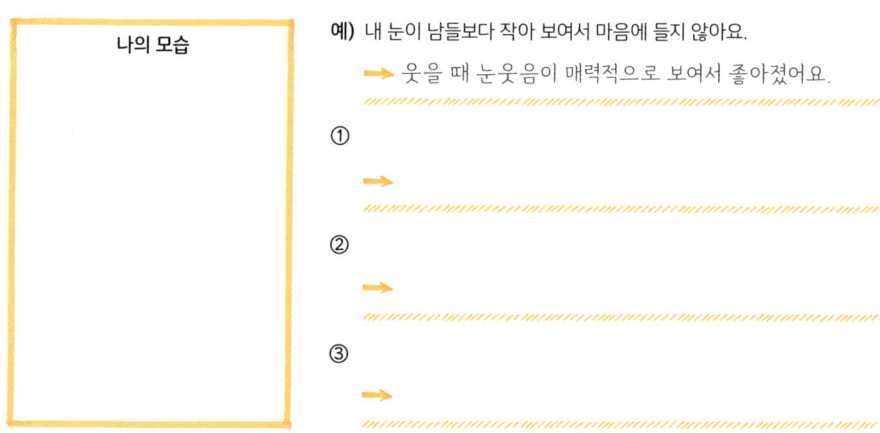

❋ 이야기하고 쓰면서 생각을 정리해 보세요.

하나 ❋ 옆 사람과 생각 나누기

초등학생이 화장을 해도 될까요?
*피부 보호를 위한 로션이나 자외선 차단제를 바르는 것은 제외

화장을 해도 된다

① 콤플렉스를 극복해 자신감을 가질 수 있다.
화장으로 스스로 부족하다고 생각한 외모의 단점을 보완하면 자신감이 생긴다.

② 자신의 개성과 멋을 뽐낼 자유가 있다.
화장도 옷처럼 나만의 개성을 표현하는 도구이며 초등학생에게도 개성을 드러낼 방법을 고를 자유가 있다.

화장을 하면 안 된다

① 어린 나이에 화장을 하면 피부에 좋지 않다.
피부가 여리고 예민한 시기이기에 화장품의 화학 성분으로 피부 트러블이 생길 수 있다.

② 화장 전후 모습 때문에 자존감이 낮아진다.
어릴 때부터 화장한 얼굴에 익숙해지면 맨 얼굴에 대한 자신감이 사라지고 내면보다는 외적인 모습에 집착하게 된다.

둘 ❁ 나의 생각 적기

📑 더 읽어 봐요

《파란 모자》 조우영 지음 | 바람의 아이들
주인공은 커다란 파란색 모자를 푹 뒤집어쓰고 다녀서 '파란 모자'라고 불립니다. 자신이 울퉁불퉁 삐뚤빼뚤 괴상하게 생겼다며 모습을 가리기 위해 모자를 쓰는 것이지요. 과연 파란 모자는 모자 밖으로 나올 수 있을까요?

《빨강 머리 토리》 채정택 글·윤영철 그림 | 북극곰
토리의 빨간색 머리카락은 하루아침에 마구 자라 모양이 제멋대로 바뀝니다. 독특한 머리 때문에 친구들에게 놀림을 받은 토리는 창피해서 아프기까지 합니다. 앞으로 토리에게 어떤 일이 펼쳐질까요?

《마음 안경점》 조시온 글·이소영 그림 | 씨드북
미나는 거울을 볼 때마다 짝짝이 입술이 신경 쓰입니다. 안경을 벗으면 거울 속 자신의 모습이 흐릿하게 보이는 것처럼, 다른 사람들 눈에도 자신이 희미하게 보이면 좋겠다는 생각도 하지요. 마음 안경점에서 새로운 안경을 쓰게 된 미나는 자신의 어떤 모습을 보게 될까요?

1장 나와 친구, 이웃의 마음을 헤아려요

친해지려면 욕을 해야 한다고?

창의 사고력 ★★★☆
비판 사고력 ★★★★☆

《누군가 뱉은》 경자 지음

누군가가 "꺼져"라는 말을 내뱉으며 시작하는 이 책은 첫 장면부터 적지 않은 충격을 줍니다. 우리가 누군가에게 한 욕설과 비속어는 '검댕이'라고 불리는 검은 물질로 바뀌어 나옵니다. 나쁜 말을 쓰는 사람들 때문에 세상에 태어난 검댕이들은 비속어가 오가는 상황을 우스워하고 즐기기까지 합니다. 하지만 '꺼져'라는 이름을 가진 검댕이만큼은 그 상황이 즐겁지 않습니다. '꺼져'는 검댕이 대신 아름답고 정다운 말이 오가는 세상, 무지갯빛 방울이 떠다니는 따뜻한 세상을 꿈꿉니다. 또 누군가에게 말로 상처를 주는 삶이 아닌, 행복한 웃음소리를 만들어 내는 삶을 살고 싶습니다. '꺼져'는 그 일을 해낼 수 있을까요?

함께 생각해요

우리가 '꺼져' 같은 비속어를 말하면 태어나는 검댕이들은 길바닥에도, 지나가는 사람들의 얼굴에도 덕지덕지 붙어 있습니다. 그만큼 우리가 비속어를 너무 쉽게, 아무렇지 않게 사용하고 있다는 뜻이지요. 누군가의 입에서 내뱉어진 검댕이들은 잘 사라지지 않습니다. 우리의 마음속에 남아 서로에게 상처를 주고 웃음을 사라지게 하지요. 우리의 비속어 사용, 이대로 괜찮은 걸까요? 검댕이들을 없애려면 어떻게 해야 할까요?

비속어는 친구들과의 대화, SNS 등의 온라인 공간, 예능 프로그램과 드라마 같은 대중 매체에서 생각보다 쉽게 들을 수 있습니다. 비속어는 '상대를 낮추거나 품위 없는 말'로, 다른 사람을 **얕잡아 보고** 사용하는 말입니다. 국립국어원 조사 결과에 따르면 설문에 참여한 초등학생의 97%, 중고등학생의 99%가 비속어를 사용한 경험이 있다고 합니다. 초등학교 고학년 때 비속어를 처음 사용하는 경우가 가장 많다고 하는데, 비속어 첫 사용 연령은 점차 낮아지는 추세입니다.

아이들은 왜 비속어를 사용할까요? 가장 큰 이유는 화가 나거나 짜증이 나기 때문입니다. 감정이 상할 때 기분을 표현하는 수단으로 비속어를 사용하는 것이지요. 속이 시원하다거나 마음이 풀린다고 생각하면서 말입니다. 장난삼아 말하거나 습관처럼 사용하는 경우도 있습니다. 친구가 비속어를 쓰면 나도 쓰고, 비속어를 섞어 대화하며 친구들과 친근감을 느낍니다. 비속어를 사용하지 않으면 대화가 안 된다고 느낄 정도로 아이들의 일상에 녹아 있는 것입니다.

아이들이 비속어 사용에 대해 심각하게 생각하지 않는 큰 이유는 매체에서 비속어 사용 장면을 보여 주기 때문입니다. **리얼 버라이어티** 방송이 많아지면서 방송국에서는 더 현장감 넘치는 진행으로 웃음을 주기 위해 출연자가 비속어를 쓰는 모습을 고스란히 화면에 담습니다. 이때 아이들은 비속어 사용의 문제점에도 함께 노출됩니다.

비속어는 아이들에게 어떤 영향을 미칠까요? 첫째, 건강이 나빠집니다. EBS〈욕의 반격〉에서 실험을 진행한 결과, 비속어를 사용하면 아이들 몸에 '분노의 **침전물**'이 생긴다는 사실이 밝혀졌습니다. 말할 때 분비되는 침의 침전물은 평소에는 아무 색도 띠지 않지만 욕설 등의 비속어를 쓰면 갈색으로 바뀝니다. 실험에서 갈색 침전물을 주입당한 실험용 쥐는 결국 죽고 맙니다. 비속어가 이 정도로 해로운 **독소**를 우리 몸속에 만들어 낸다는 뜻이지요. 둘째, 감정을 드러낼 때 비속어를 사용하면 과한 표현으로 상대방에게 상처를 주거나 주변 사람과 다툼이 생길 수 있습니다. 무심코 던진 말이 누군가에게는 평생 잊지 못할 상처로 남는 경우가 많습니다. 습관적인 비속어 사용은 언어폭력 등의 학교 폭력으로 이어질 수 있으며, 나의 정신 건강에도 해롭다는 사실을 알아야 합니다.

말은 그 사람의 모습을 보여 주는 거울입니다. 말에는 그 사람의 생각과 **성품**이 담깁니다. 재미있다는 이유로 또는 감정을 조절하지 못해 비속어를 **지속**적으로 사용한다면, 결국 나의 생각과 성품도 내가 하는 말을 닮게 될 것입니다. 비속어 대신 바르고 고운 말을 쓰는 습관을 가지기 위해 노력해 보면 어떨까요? 친구 사이에 우정이 자라나고 말 때문에 상처받는 일도 훨씬 줄어들 것입니다.

사고력을 키우는 어휘

- **얕잡아 보다** '얕잡다'와 같은 뜻으로, 남의 재주나 능력 따위를 실제보다 낮추어 보고 하찮게 대함
- **리얼 버라이어티(real variety)** '리얼리티(reality)'와 '버라이어티(variety)'의 합성어로, 예능 프로그램의 한 장르
- **침전물** 액체의 밑바닥에 가라앉은 물질
- **독소** 동물이나 식물 안에서 만들어지는 독성 물질
- **성품** 사람의 됨됨이, 마음씨
- **지속** 어떤 일이나 상태가 끊이지 않고 이어짐

내용을 확인해요

* 비속어에 대한 설명으로 바르지 않은 것은 무엇일까요?

  ① 비속어는 일상에서 쉽게 사용된다.
  ② 비속어는 다른 사람을 얕잡아 보고 사용하는 말이다.
  ③ 비속어를 사용하면 침에서 갈색 침전물이 나온다.
  ④ 비속어를 사용하는 이유 중 하나는 화가 나거나 짜증이 나기 때문이다.
  ⑤ 친구 사이에 사용하는 비속어는 별문제가 되지 않는다.

* 비속어 사용의 문제점을 두 가지 적어 보세요.

* 다음 단어의 뜻을 찾아 써 보세요.

  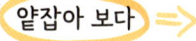

사고력을 높여요

* 다음 질문에 답해 보세요.

  하나 **책 속에서 생각하기**
  · 검댕이들은 왜 자신들 때문에 슬퍼하는 사람들을 보며 즐거워했을까요?
  · '꺼져'는 왜 다른 검댕이들이 하는 놀이를 보고 즐거워하지 않았을까요?
  · 무지갯빛 방울의 의미는 무엇일까요?

둘 ❀ 나와 내 주변으로 생각 넓히기

· 누군가에게 비속어를 내뱉은 적이 있나요? 있다면 어떤 기분이 들었나요?
· 검댕이보다 무지갯빛 방울이 많은 세상을 만들기 위해 어떤 노력을 해야 할까요?
· 비속어를 사용하는 친구에게 어떤 말을 해 주면 좋을까요?

✽ 내가 비속어를 쓰게 되는 상황을 떠올리고 비속어를 검댕이로, 대신 쓸 수 있는 말을 무지갯빛 방울로 표현해 주세요.

✽ 이야기하고 쓰면서 생각을 정리해 보세요.

하나 ❀ 옆 사람과 생각 나누기

친구들과의 소통의 도구로 비속어를 사용해도 될까요?

사용해도 된다

① 친구들과 합의됐다면 괜찮다.
비속어를 사용해도 서로 기분이 나쁘지 않다면 문제없기 때문이다.

② 친구들과 더 친해진다.
친한 친구들끼리 쓰는 비속어는 친구들 사이의 분위기를 더 좋게 만들기 때문이다.

사용하면 안 된다

① 말실수를 할 수 있다.
자주 사용하면 습관으로 굳어 비속어를 사용하면 안 될 상황에서도 쓰게 된다.

② 다른 사람의 기분을 상하게 한다.
비속어가 아닌 말도 상황에 따라 기분 나쁘게 들리는데, 비속어는 더더욱 상처로 남는다.

둘 🌸 나의 생각 적기

📑 더 읽어 봐요

《말의 형태》 오나리 유코 지음 | 허은 옮김 | 봄봄출판사
'말에 모양과 색이 있다면 우리가 하는 말은 어떤 형태일까?'라는 생각을 풀어낸 이야기입니다. 어떤 말이 다른 사람에게 상처를 주는지 눈에 보인다면 함부로 말하는 일도 조금은 줄어들지 않을까요? 내가 하는 말은 어떤 모양이고, 무슨 색을 띨까요?

《부글부글 말 요리점》 조시온 글·유지우 그림 | 씨드북
말을 재료로 요리하는 말 요리사는 어느 날, 조리 방법을 반대로 하면 손님의 속을 부글부글 끓게 만든 말 요리가 모두 먹고 싶어 하는 말 요리가 된다는 비밀을 알게 됩니다. 여러분은 무시하고 비교하는 미운 말로 만든 요리와 건강하고 긍정적인 말로 만든 요리, 둘 중 어떤 것을 먹고 싶나요?

《욕》 김유강 지음 | 오올
욕이 가진 힘은 다른 말에 비해 매우 강합니다. 우리의 마음을 지배할 뿐만 아니라 다른 사람에게 쉽게 옮겨 가 공동체의 말마저 바꾸고 말지요. 그러는 사이 우리의 마음은 거칠어집니다. 험한 말로 서로에게 상처를 주는 우리, 이대로 괜찮은 걸까요?

장난이었다는 말은 이제 그만!

창의 사고력 ★★★☆☆
비판 사고력 ★★★★☆

《그래서 뭐?》 소니아 쿠데르 글 · 그레구아르 마비레 그림

바질은 놀이터의 폭군처럼 친구들에게 상처 주는 말을 합니다. 티볼트는 입에서 똥 냄새가 난다는 말에 온종일 한마디도 못 합니다. 마릴린은 머리 묶은 모습이 너무 못생겼다는 말을 듣고 아빠가 애써 묶어 준 머리를 풀고 말지요. 그때 새로운 친구 폴린이 전학을 옵니다. 폴린은 바질의 모진 말에도 꿈쩍하지 않고 "그래서 뭐?"라는 말로 맞받아치고, 바질은 다른 친구들과 다른 반응에 놀라 아무 말도 하지 못합니다. 그 뒤로 놀이터의 분위기가 서서히 바뀝니다. 다른 친구들도 하나둘 "그래서 뭐?"라고 당당하게 말하게 되었기 때문입니다. 이제는 바질이 얼굴이 빨개져서 도망칩니다. 바질은 그동안의 잘못을 사과하고 친구들과 좋은 사이가 될 수 있을까요?

함께 생각해요

바질은 왜 못된 말로 친구들을 괴롭혔을까요? 바질은 왜 그런 아이가 되었을까요? 또 친구들은 바질의 행동이 잘못됐다는 것을 알면서도 왜 상처받으며 아무 말도 하지 못했을까요? 사회성이란 친구와 싸우지 않는 것이 아니라 문제를 피하지 않고 해결하는 능력입니다. 무례한 친구의 말에 반응하지 말고 당당하게 "그래서 뭐!" 하고 말해 보면 어떨까요?

학교 폭력은 '학교 안팎에서 친구를 괴롭히거나 힘들게 하는 행동'을 말합니다. 아이들은 학교에서 많은 시간을 보내는데, 그만큼 학교에서 폭력적인 행동을 당하면 매우 힘들어합니다.

　우리나라는 〈학교 폭력 **예방** 및 **대책**에 관한 법률〉에서 학교 폭력에 대해 **규정**하고 있습니다. 그 내용에는 친구를 때리거나 밀치기, 친구에게 욕하거나 협박하기, 친구를 따돌리거나 무시하기, 친구의 물건을 빼앗거나 망가뜨리기, 친구를 괴롭히는 내용을 인터넷에 올리기 등이 있습니다. 신체에 폭력을 가하는 행동뿐만 아니라 심리적·경제적 피해를 주는 행동도 학교 폭력에 해당합니다.

　최근에는 SNS 등 인터넷상에서 특정인을 괴롭히는 사이버 폭력, 즉 사이버 불링(cyber bulling)을 겪는 학생이 늘어나 심각한 문제가 되고 있습니다. 시대의 변화에 따라 폭력의 방법도 다양해진 것이지요. 정신적인 고통을 주는 언어폭력과 집단 따돌림, 사이버 폭력에 대한 예방 교육을 실시하고 가해자를 **방조**하거나 **옹호**하는 행위에 대해서도 **엄중**한 판단을 해야 할 때입니다.

　집단 따돌림을 포함한 학교 폭력은 피해 학생에게 정신적·신체적으로 큰 충격과 아픔을 줍니다. 학교 폭력을 당했거나 주변에서 학교 폭력이 일어나는 것을 본다면 혼자 고민하며 괴로워하지 말고 선생님이나 부모님께 사실을 알려야 합니다. 같은 일이 다시 일어나지 않게 안전한 조치와 마음의 상처 극복을 위한 도움을 받아야 한다는 뜻이지요. 나는 장난으로 하는 행동일지라도 상대방이 느낄 때 장난이 아니라면 모두 폭력이 될 수 있다는 점도 늘 기억해야 합니다.

　학교 폭력 없는 환경을 만들기 위해 우리는 어떤 노력을 할 수 있을까요? 첫째, 서로를 **존중**하고 이해해야 합니다. 나의 **인격**과 **권리**를 소중히 여기는 것처럼 다른 사람의 인격과 권리도 존중해야 한다는 뜻이지요. 둘째, 친구의 감정과 의견을 **경청**하고 **공감**해야 합니다. 이때 중요한 점은 다른 사람의 입장에서 생각해 보려 노력해야 한다는 것입니다. 다양한 의견을 존중하며 소통할 줄 알아야 다른 사람들과 더불어 살 수 있기 때문이지요. 셋째, 어려움을 겪고 있는 친구들의 이야기에 귀 기울이고 도와야 합니다. 가장 중요한 넷째는 절대로 폭력적이고 **차별**적인 행동을 하면 안 된다는 것입니다.

우리는 모두 학교 안과 밖에서 신체적·정신적으로 안전하게 보호받아야 합니다. 소중한 학교생활을 위해 모두 힘을 합쳐 학교 폭력 없는 환경을 만들어 보면 어떨까요?

사고력을 키우는 어휘
- **예방** 질병이나 재해 따위가 일어나기 전에 미리 대처해 막음
- **대책** 어떤 일에 대처할 계획이나 수단
- **규정** 규칙으로 정함
- **방조** 곁에서 도와주는 행동
- **옹호** 옆에서 편을 들어 지켜 줌
- **엄중** 몹시 엄격하고 중대함
- **존중** 다른 사람이나 그 사람의 생각, 문화를 중요하게 여기고 받아들이는 태도
- **인격** 사람이라면 누구나 법률상 존중받아야 할 자격
- **권리** 어떤 일을 행하는 것이나 타인에 대해 당연히 요구할 수 있는 힘이나 자격
- **경청** 귀를 기울여 잘 들음
- **공감** 남의 감정, 의견, 주장 등에 대해 자신도 그렇다고 느낌
- **차별** 둘 이상의 대상을 등급이나 수준 따위로 차이를 두고 구별함

내용을 확인해요

* 빈칸에 알맞은 단어를 찾아 써 보세요.

    우리나라는 〈학교 폭력 _____ 및 _____ 에 관한 법률〉에서 학교 폭력에 대해 규정하고 있습니다. 그 내용에는 친구를 괴롭히는 내용을 _____ 에 올리기 등이 있습니다.

* 학교 폭력에 해당하지 않는 것은 무엇일까요?

    ① 학교 안팎에서 친구들을 괴롭히거나 힘들게 하는 행동
    ② 신체에 폭력을 가하는 행동
    ③ 하는 사람은 장난일지라도 피해를 당한 사람이 장난이 아니라고 느끼는 행동
    ④ 친구의 물건을 빼앗거나 망가뜨리는 재산상의 피해를 주는 행동
    ⑤ 친구들의 이야기에 귀 기울이는 행동

* 학교 폭력 없는 환경을 만들기 위해 우리가 할 수 있는 일을 적어 보세요.

사고력을 높여요

* 그림책을 읽고 답해 보세요.

    하나 🌼 **책 속에서 생각하기**
    · 바질은 왜 친구들을 괴롭히고 상처 주는 말을 하게 되었을까요?
    · 바질이 그동안의 행동을 반성하고 용서를 구하면 아이들과 친구가 될 수 있을까요?
    · 친구에게 상처 주는 행동을 한 바질은 어떻게 사과하고 행동하면 좋을까요?

둘 🌸 나와 내 주변으로 생각 넓히기

- 친구의 말에 상처받은 경험이 있나요? 있다면 문제를 해결하기 위해 어떤 노력을 했나요?
- 학교 폭력을 당하거나 주변에서 학교 폭력이 일어나면 어떻게 행동해야 할까요?
- 학교 폭력 때문에 힘들어하거나 고민하는 친구에게 나는 어떤 도움을 줄 수 있을까요?

✤ 예시처럼 학교 폭력을 예방하는 표어를 만들어 보세요.

> 예 1) 차별 없는 교실, 평화로운 학교!
>
> 예 2) 사랑과 존중으로 변화하는 우리 학교

✤ 이야기하고 쓰면서 생각을 정리해 보세요.

하나 🌸 옆 사람과 생각 나누기

학교 폭력을 당하거나 목격했다면 학교 전담 경찰관에게 바로 신고해야 할까요?

바로 신고해야 한다

① 전문적인 도움을 받아 해결할 수 있다.
학교 전담 조사관 같은 전문가의 도움을 받아 문제를 바로잡을 수 있기 때문이다.

② 잘못한 행동은 반드시 처벌받아야 한다.
나이가 어려도 다른 사람을 괴롭히는 행동에 대해 반성하고 벌을 받아야 하기 때문이다.

바로 신고하면 안 된다

① 담임 선생님에게 먼저 말해야 한다.
사안에 따라 담임 선생님이 원만하게 해결하거나 중재할 수 있기 때문이다.

② 잘못된 행동을 고치도록 돕는 것이 먼저다.
가해 학생이 반성하고 잘못된 행동을 고치는 것이 처벌하는 것보다 더 중요하기 때문이다.

둘 🌸 나의 생각 적기

🔖 **더 읽어 봐요**

《B가 나를 부를 때》 수잔 휴즈 글·캐리 소코체프 그림 | 김마이 옮김 | 주니어김영사
한 소녀가 엄마에게 B라는 아이 때문에 학교에서 괴짜라고 불린다는 고민을 털어놓습니다. 소녀가 그 상황을 극복하고 이겨 내는 과정을 통해, 학교 폭력에 대처하는 지혜롭고 평화로운 방법을 배울 수 있습니다.

《One 일》 캐드린 오토시 지음 | 이향순 옮김 | 북뱅크
학교 폭력을 겪는 아이들에게 누군가의 용기 있는 한마디는 큰 힘이 됩니다. 친구를 괴롭히는 행동이 잘못됐다고 말해 주는 한 사람의 용기가 퍼져 나가 학교 폭력을 멈추는 큰 힘이 되는 것을 보여 줍니다.

《내 탓이 아니야》 레이프 크리스티안손 글·딕 스텐베리 그림 | 김상열 옮김 | 고래이야기
타인의 폭력을 방관하는 행동은 심각한 문제입니다. 피해자에게는 폭력을 방관하는 태도 역시 폭력이 되기 때문입니다. 책임을 서로에게 미루는 적나라한 학교 폭력 이야기를 통해 학교 폭력을 해결하려면 모두가 함께 노력해야 한다는 점을 배울 수 있습니다.

쿵쿵쿵, 집에서는
편히 쉬고 싶어요!

창의 사고력 ★★★☆☆
비판 사고력 ★★★★★

《버럭 아파트》 전은희 글·이유진 그림

아파트는 하루 종일 시끄럽게 떠들고 다투는 사람들의 목소리와 각종 소음으로 가득합니다. 결국 한숨도 자지 못한 아파트가 버럭 소리를 지르며 사람들을 내쫓고 문을 잠급니다. 사람들은 문이 잠긴 것을 서로 남 탓하며 싸우기 시작하고, 아파트는 또다시 화가 나서 버럭 소리를 지릅니다. 문이 열리기를 기다리다 지친 사람들은 어디선가 풍기는 맛있는 피자 냄새를 맡습니다. 하은이와 은우가 이웃들에게 피자를 나누어 주면서 그동안 시끄럽게 굴어서 죄송했다고 말하지요. 두 아이의 사과하는 용기와 따뜻한 마음, 맛있는 피자 덕분에 사람들의 얼굴에 미소가 피어오릅니다. 이제 버럭 아파트의 문이 열릴까요?

아파트와 연립 주택 등 많은 사람이 함께 사는 공동 주택에서는 위·아래층, 옆집으로 소음이 잘 전달되기 때문에 이웃을 배려하는 마음을 가져야 합니다. 하은이와 은우가 용기 내 사과하고 따뜻한 마음을 나타낸 것처럼, 이웃 간에 서로를 생각하는 마음은 표현하고 나눌수록 커집니다. 공동 주택에서 이웃과 함께 살아가기 위해 어떻게 행동해야 할까요?

주로 **공동 주택**에서 발생하는 층간 소음은 '한 층에서 발생해 위층 또는 아래층에 들리는 소음'을 말합니다. 우리나라는 주택 관련 법에서 층간 소음의 종류를 정하고 있습니다. 아이들이 뛰는 소리, 문을 닫는 소리, 반려견이 짖는 소리, 늦은 시간이나 이른 시간에 세탁기와 청소기, 운동 기구 등을 사용하는 소리, 화장실과 부엌에서 물을 내리는 소리 등이 층간 소음에 속하지요.

층간 소음과 이로 인한 **갈등**은 공동 주택이 많아지면서 사회 문제로 떠올랐습니다. 누구나 집에서는 조용하고 쾌적한 시간을 보내고 싶어 하기 때문입니다. 특히 사람들이 공부와 휴식, 수면에 집중하는 저녁과 밤에는 더 큰 문제가 됩니다. 층간 소음으로 제대로 쉬지도, 자지도 못하면 몸과 마음이 힘들어져 삶의 질이 떨어지기 때문이지요.

층간 소음 갈등이 발생하는 원인으로는 화장실 물소리 같은 생활 소음도 막지 못하는 건물의 **방음 시설** 문제에서 비롯한 구조적 **요인**, 층간 소음을 예방하고 해결하기 위한 **규제** 기준 등 법적 장치가 부족하다는 제도적 요인이 있습니다. 아이들이 뛰는 소리, 망치질하는 소리 같은 인적 요인과 이를 해결할 공동체 의식이 부족하다는 점도 층간 소음 갈등이 계속되는 원인입니다. 공동 주택에 함께 사는 이웃을 배려하는 마음과 서로 간에 소통이 부족해 갈등이 생기는 것이지요.

따라서 층간 소음 문제를 해결하기 위해 필요한 첫 번째 노력은 바로 공동 주택을 지을 때 소음을 잘 막는 건축 설계 기술을 사용하는 것입니다. 층간 소음은 방음 시설이 갖추어지지 않은 건물에서 발생하는 경우가 많기 때문입니다. 건물이 원인이라면 그곳에 사는 사람들끼리 아무리 조심하려 해도 층간 소음이 생길 수밖에 없어 이웃 간에 더 큰 갈등이 생길 수도 있습니다. 이를 위해 최근 주택 관련 법에서는 공동 주택을 건설하는 회사가 지켜야 할 바닥 충격음 기준 등을 정하고 있습니다.

방음 시설이 잘 갖추어지지 않은 아파트에 살고 있다면 이웃 간에 소통의 기회를 자주 마련하는 것이 중요합니다. 소음이 심한지 아닌지를 판단하는 기준이 **주관적**이기 때문입니다. 이웃과 자주 만나고 인사하면 친밀감이 생겨 서로 소음이 생기지 않도록 조심하게 됩니다. 소음이 들리더라도 말을 함부로 하지 않아 싸우는 일도 줄어들게 되지요. 다만 이러한 이웃의 배려를 받으려면 평소에 내가 먼저 배려해야 합니다. 이웃이 계속되는 소음을 참고 배려해 주기를 기대한다면 서로 어긋나 실망하고 화가 나기 쉽습니다. 만약 아이가 집에서 뛰어다니는 것을 막기 어렵다면 소음 차단 매트를 깔거나 슬리퍼를 신고 생활하는 습관을 들여야 합니다.

예전에는 크게 문제 되지 않던 층간 소음이 최근 환경 민원의 많은 부분을 차지하고 있습니다. 매년 소음 피해를 당하는 사람도 늘어나고 있지요. 상대방이 먼저 배려해 주기를 바라기보다 내가 먼저 배려하면 층간 소음으로 인한 갈등도 줄어들 것입니다.

사고력을 키우는 어휘

- **공동 주택** 아파트나 다세대 주택, 연립 주택처럼 여러 집이 한 건물 안에서 따로 생활하도록 지은 큰 집
- **갈등** 개인이나 집단 사이에 목표나 이해관계가 달라 적대시하거나 충돌함
- **방음 시설** 소리가 밖으로 새어 나가거나 들어오는 것을 막는 시설
- **요인** 사물이나 사건이 성립되는 까닭 또는 조건이 되는 요소. 사건의 원인에 따라 설계·구조상의 이유를 구조적 요인, 제도상 이유를 제도적 요인, 사람의 잘못 등 사람으로 인한 이유를 인적 요인이라고 함
- **규제** 규칙으로 정해 일정한 한도를 넘지 못하게 함
- **주관적** 자신의 생각이나 처지를 기초로 하는 것

내용을 확인해요

✱ 단어와 설명이 알맞은 것끼리 선으로 이어 보세요.

층간 소음 • • 아이들이 뛰는 소리, 문 닫는 소리, 애완견이 짖는 소리, 기구를 사용하는 소리, 물 내리는 소리

층간 소음의 원인 • • 이웃 간 소통, 이웃에 대한 배려, 소음 차단 기술 사용

주택 관련 법에서 정한 층간 소음 • • 구조적·제도적·인적 요인, 공동체 의식과 이웃 간 소통 부재

층간 소음 해결 방법 • • 다세대 주택이나 아파트의 한 층에서 발생해 다른 층으로 전달되는 소리

✱ 빈칸에 알맞은 단어를 적어 보세요.

| 공동 주택   인적 요인   주관적   방음 시설   갈등 |

(   ) 아파트처럼 여러 집이 한 건물 안에서 따로 생활하도록 지은 큰 집

(   ) 자신의 생각이나 처지를 기초로 하는 것

(   ) 사람의 잘못으로 생기는 사고 원인

(   ) 개인이나 집단 사이에 목표나 이해관계가 달라 적대시하거나 충돌함

(   ) 소리가 밖으로 새어 나가거나 안으로 들어오는 것을 막는 시설

사고력을 높여요

✱ 그림책을 읽고 답해 보세요.

하나 책 속에서 생각하기
- 3층 할아버지는 왜 코뿔소처럼 씩씩거리며 천장을 두드렸을까요?
- 버럭 아파트가 소리치며 사람들을 내쫓은 이유는 무엇인가요?
- 버럭 아파트는 왜 사람들에게 문을 열어 주었을까요?

둘 ◈ 나와 내 주변으로 생각 넓히기

- 아파트에 살고 있는데 위층에서 층간 소음이 들린다면 어떻게 해결할 수 있을까요?
- 아파트에 살고 있는데 층간 소음이 들린다고 연락이 오면 어떻게 해야 할까요?
- 층간 소음과 관련된 법을 만든다면 어떤 내용이 꼭 들어가야 할까요?

✽ 우리 가족이 아파트에 살고 있다고 상상하고, 예시처럼 층간 소음을 줄이기 위한 다짐문을 써 보세요.

예) 층간 소음을 줄이기 위한 다짐   이름: ○○○

나는 우리 집 층간 소음을 줄이기 위해 아래와 같이 실천할 것을 다짐합니다.

첫째, 사뿐사뿐 걷겠습니다. 둘째, 동생과 뛰면서 장난치지 않겠습니다. 셋째, 피아노 연습은 밤 9시 전에 끝내겠습니다.

층간 소음을 줄이기 위한 다짐   이름:

나는 우리 집 층간 소음을 줄이기 위해 아래와 같이 실천할 것을 다짐합니다.

✽ 이야기하고 쓰면서 생각을 정리해 보세요.

하나 ◈ 옆 사람과 생각 나누기

층간 소음은 어떻게 해결해야 할까요?

이웃 간에 배려하는 마음을 가진다

① **이웃과 친해지기 위해 노력한다.**
이웃과 가까워지면 서로 피해를 주지 않으려 노력하게 되기 때문이다.

② **매트를 깔거나 슬리퍼를 신는다.**
아이들이 뛰는 소리나 발소리가 작아지면 층간 소음 갈등도 줄어들기 때문이다.

제도적 도움을 받는다

① **관련 법을 만들도록 요구한다.**
소음 방지 기술을 사용해야 근본적인 해결이 되고, 심한 소음을 처벌할 기준도 필요하다.

② **전문가에게 도움을 청한다.**
'층간 소음 이웃 사이 서비스' 같은 전문 진단과 갈등 해결을 위한 상담을 받는다.

둘 🌸 나의 생각 적기

📑 **더 읽어 봐요**

《쿵쿵 아파트》 전승배, 강인숙 지음 | 창비
쿵쿵 아파트에는 가수를 꿈꾸며 기타를 연주하는 염소 청년, 집을 고치고 싶은 기린 아저씨, 마음 껏 뛰고 싶은 아기 토끼, 조용히 글을 쓰고 싶어 하는 코알라 할아버지, 훌라후프와 러닝머신 삼매경인 곰 아줌마가 삽니다. 서로의 소음을 못 견뎌 할 때쯤 기린 아저씨가 무심코 전깃줄을 잘라 아파트 전체가 정전되고 마는데, 다 함께 아파트에서 즐겁게 지내기 위한 방법은 없을까요?

《이웃》 김성미 지음 | 책읽는곰
소심한 늑대 아저씨는 아파트로 이사한 뒤 윗집에서 쿵쿵거리는 소리가 끊이지 않아 괴로워합니다. 참다못해 수위실에 이야기하려 하면 금세 잠잠해지는 것도 몹시 약 오릅니다. 늑대 아저씨는 층간 소음 문제를 어떻게 해결할 수 있을까요?

《층간 소음의 비밀》 변정원 지음 | 보림
층과 층 사이에는 소리 따라 하기를 좋아하는 소란이들이 살고 있습니다. 어느 날 한 집에 엄마가 외출하고 형제만 남게 되는데, 형제가 시끄럽게 노는 동안 소란이들이 소리를 더 크게 따라 하며 아래층으로 전달합니다. 이 신나고 요란한 소동은 어떻게 정리될까요?

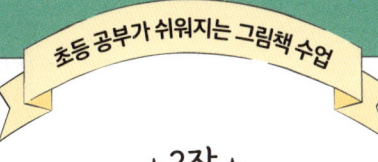

2장

가족 같은 친구,
동물들의 입장을
상상해요

오늘은
늦게 오나 봐요!

창의 사고력 ★★★★☆
비판 사고력 ★★★★★

《나는 기다립니다》 표영민 글·잠산 그림

펫숍 앞을 지나가다 마음에 든 강아지를 발견한 소녀는 강아지와 가족이 됩니다. 하지만 즐거움도 잠시, 소녀는 강아지를 돌보는 일이 어렵다는 것을 깨닫고 강아지를 버리게 됩니다. 반려동물 문제로 이웃과 갈등이 생기는 등 생각지 못한 여러 가지 현실적인 문제를 겪었기 때문이지요. 버려진 강아지는 유기견 보호소로 보내지고, 언제나 그랬던 것처럼 주인이 돌아오기만을 기다립니다. 다행히 소녀는 자신의 행동을 후회하고 강아지를 찾으러 옵니다. 소녀가 다시 찾아오기까지 강아지는 어떤 마음으로 주인을 기다렸을까요?

함께 생각해요

이 그림책은 반려동물의 입장을 강아지의 시선에서 보여 줍니다. 하루 종일 집에서 주인이 오기를 기다리는 마음, 주인과 노는 시간을 기다리는 마음, 산책하는 시간을 기다리는 마음, 버려진 후 다시 주인이 돌아오기를 기다리는 마음이 잘 나타나 있지요. 버려진 동물은 자신이 버려진지도 모른 채 주인을 하염없이 기다린다고 합니다. 동물도 사람과 똑같이 감정을 느낍니다. 가족이 된 반려동물에게 책임을 다하기 위해서 우리는 어떤 노력을 해야 할까요?

반려동물의 뜻은 '사람이 정서적으로 의지하기 위해 집에서 기르는 동물'입니다. 처음에는 '사람에게 즐거움을 주는 동물'이라는 의미의 애완동물이라는 이름이었지만 사람과 더불어 살아가면서 심리적 안정감과 친밀감을 주는 가족 같은 존재라는 인식이 널리 퍼지며 반려동물로 바꾸어 부르고 있습니다.

　2022년 **농림축산식품부**의 조사에 따르면 우리나라에서 반려동물을 기르는 가구는 602만 가구로, 10가구 중 3가구가 반려동물을 기른다고 합니다. 그중 약 70%가 개를, 약 27%가 고양이를 기르고 있을 만큼 개와 고양이를 기르는 비중이 높습니다. 문제는 반려동물을 기르는 사람이 많아진 만큼 **유기**되는 동물도 늘어나고 있다는 점입니다. 동물 보호 단체인 동물자유연대에 따르면 구조·보호되는 유기·**유실** 동물의 수는 1년에 10만 마리 정도라고 합니다.

　사람들은 왜 기르던 동물을 버릴까요? 이유는 다양하지만 대표적인 원인을 몇 가지 정리하면 첫째, 너무 쉽게 입양하기 때문입니다. 동물과 가족이 되려면 함께 지내기 위한 준비를 해야 합니다. 동물의 특성을 이해하고 책임감을 가져야 하지요. 그렇지 않으면 동물 관리에 어려움이 생겼을 때 유기할 가능성이 커집니다. 둘째, 경제적 어려움을 꼽을 수 있습니다. 반려동물을 기르는 데는 사료 값과 관련 용품 구입비, 병원비 같은 비용이 듭니다. 경제적 사정으로 버리는 경우가 많지요. 셋째, 동물을 생명이 아닌 소유물로 보기 때문입니다. 물건으로 여기기 때문에 필요에 따라 데려오고, 개인적인 어려움이나 사정이 생기면 버리는 것이지요.

　반려동물을 유기하는 행동은 여러 부작용을 불러옵니다. 가장 큰 문제는 버려진 동물이 갈 곳이 없어진다는 것입니다. 길거리에서 생활하다 교통사고를 당하거나 굶어 죽고, 운 좋게 구조돼 유기 동물 보호소에 보내지더라도 일정 기간 지내다가 **안락사**되는 경우가 많습니다. 일부는 입양돼 새로운 가족을 만나지만 그 비율은 약 30%밖에 되지 않습니다. 이로 인해 사회적 비용이 너무 많이 드는 것도 문제입니다

다. 동물 보호 시설의 운영 비용, 유기 동물 관리와 치료 비용 등으로 많은 예산이 들어가고 있지만 모든 유기 동물을 보호하기에는 턱없이 부족합니다.

버려지는 동물을 줄이려면 무엇보다 동물과 함께 살 준비가 된 상태에서 반려동물을 길러야 합니다. 데려오기 전에 경제적인 부분과 함께할 시간이 충분한지, 끝까지 기를 수 있는지 등을 꼼꼼히 따져 봐야 하지요. 다음으로 반려동물에 대한 인식의 변화가 필요합니다. 앞서 이야기한 것처럼 반려동물은 생명이자 가족으로, 함부로 버리는 물건이 아니라는 점을 기억해야 합니다. 이를 위해 지속적인 캠페인과 생명 존중 교육이 이루어져야 합니다. 그 밖에 유기에 대한 법적 처벌 강화와 **반려동물 등록제** 강화 등 제도 개선도 필요합니다.

여전히 많은 사람이 가벼운 마음으로 반려동물을 데려와 키우다 사정이 생기면 쉽게 버립니다. 동물자유연대에서는 '사지 말고 입양하세요' 캠페인으로 유기 동물을 줄이기 위해 노력하고 있습니다. **펫숍**이 아닌 유기 동물 보호소에서 반려동물을 입양하고, 반려동물을 상품이 아닌 생명으로 대하자는 의미가 담긴 캠페인이지요. 반려동물도 가족이라는 사실을 늘 기억하기 바랍니다.

사고력을 키우는 어휘

- **농림축산식품부** 농산과 축산, 식량과 농지, 식품 산업 진흥, 농촌 개발과 농산물 유통에 관한 사무를 맡아보는 중앙 행정 기관
- **유기** 내다 버림
- **유실** 가지고 있던 돈이나 물건 따위를 부주의로 잃어버림
- **안락사** 사고나 질병 등으로 회복이 불가능한 반려동물의 고통을 덜어 주기 위해 수의사의 결정에 따라 약물을 주사해 죽음에 이르게 하는 일
- **반려동물 등록제** 〈동물보호법〉에 따라 동물 보호와 유실·유기 방지를 위해 반려의 목적으로 기르는 동물을 지방 자치 단체에 신고하고 등록하는 제도
- **펫숍(pet shop)** 반려동물과 관련 용품을 파는 곳

내용을 확인해요

❋ 설명을 읽고 맞는 것에는 O로, 틀린 것에는 X로 표기하세요.

- 우리나라에서는 10가구 중 3가구가 반려동물을 키우고 있다. (   )
- 반려동물 중 가장 많이 기르는 동물은 개와 고양이다. (   )
- 유기·유실되는 반려동물의 수는 1년에 10만 마리 정도다. (   )
- 버려진 반려동물은 대부분 새로운 가정으로 입양된다. (   )

❋ 빈칸에 알맞은 단어를 적어 보세요.

| 유기 동물   반려동물 등록제   펫숍   반려동물 입양 |

(   ) 동물 보호와 유실·유기 방지를 위해 반려의 목적으로 기르는 동물을 등록하는 제도

(   ) 반려동물과 관련 용품을 파는 상점

(   ) 주인의 실수 또는 의도적인 목적으로 버려진 동물

(   ) 펫숍 대신 유기 동물 보호소에서 반려동물을 데려오는 일

❋ 반려동물의 의미를 찾아 써 보세요.

사고력을 높여요

❋ 그림책을 읽고 답해 보세요.

하나 🐾 **책 속에서 생각하기**
- 주인공 소녀는 강아지를 가족으로 맞이하면서 어떤 어려움을 겪었나요?
- 버려져 유기견 보호소로 보내진 강아지는 어떤 마음이 들었을까요?
- 소녀는 강아지를 버린 후 왜 다시 찾으러 갔을까요?

둘 🌸 나와 내 주변으로 생각 넓히기

· 반려동물과 가족이 되려면 어떤 준비가 필요할까요?
· 버려지는 반려동물의 수를 줄이려면 어떤 노력이 필요할까요?
· 동물자유연대 같은 동물 보호 단체는 유기 동물을 줄이기 위해 어떤 일을 할까요?

❋ 나만의 반려동물을 그려 봅시다. 가족이 되고 싶은 반려동물의 모습을 그리고, 내 반려동물을 소개해 주세요.

가족이 되고 싶은 반려동물	내 반려동물을 소개합니다

❋ 이야기하고 쓰면서 생각을 정리해 보세요.

하나 🌸 옆 사람과 생각 나누기

반려동물 등록제를 강화해야 할까요?

강화해야 한다

① 아직 등록되지 않은 반려동물이 많다.
반려동물 등록제를 의무화했지만 아직 등록하지 않은 비율이 높아 제도의 효과가 적다.

② 유실·유기 동물을 줄일 수 있다.
등록된 정보를 활용하면 유실된 동물을 가족의 품으로 돌려보낼 수 있고, 동물을 버리는 일이 줄어들 것이다.

강화할 필요는 없다

① 등록은 개인의 선택이다.
반려동물 등록제가 없을 때도 유기하지 않고 가족처럼 잘 지내는 사람이 많았다.

② 유기에 대한 만능 해결책이 아니다.
장기적으로 볼 때, 법적 책임을 묻기 전 생명을 존중하는 마음을 기르도록 하는 것이 유기 동물의 수를 줄이는 더 좋은 방법이다.

둘 🌸 나의 생각 적기

📖 더 읽어 봐요

《검은 강아지》 박정섭 지음 | 웅진주니어
주인에게 버려졌지만 버려진지도 모르는 흰색 강아지는 기다리라는 주인의 말만 믿고 계절이 바뀌도록 기다립니다. 흰색 털이 검게 변할 때까지 기다린 검은 강아지는 결국 그토록 기다리던 주인을 만나지 못한 채 하늘의 별이 됩니다. 검은 강아지는 우리를 어떤 모습으로 기억할까요?

《김설탕과 도나스》 허정윤 글·릴리아 그림 | 한솔수북
한때 가족에게 사랑받았던 반려견도 버려지면 들개가 됩니다. 들개는 반려견과 구분하기 위해 사람들이 붙인 말입니다. 들개가 된 김설탕과 도나스는 외롭고 힘들지만 서로 사랑하며 살아갑니다. 사람에게 버림받았지만 서로를 의지하며 살아가는 김설탕과 도나스에게서 우리는 무엇을 배울 수 있을까요?

《수요일을 싫어하는 고양이》 박현숙 글·엄정원 그림 | 다림
반려동물 문화 선진국인 독일의 민간 동물 보호소 '티어하임'을 배경으로 한 이야기입니다. 유기묘 미미와 낯선 나라 한국에서 온 소년 민호가 서서히 마음을 열며 아픔과 슬픔을 치유하고 가족이 되어 갑니다. 반려동물은 사람에게 어떤 존재일까요? 반대로 사람은 반려동물에게 어떤 존재가 되어 줄 수 있을까요?

사람들은 왜
나를 가두고 구경할까?

창의 사고력 ★★★★★
비판 사고력 ★★★★★

《네가 되는 꿈》 서유진 지음

제목에서 알 수 있듯이 주인공 웅이가 꾼 꿈에 대한 이야기입니다. 꿈은 동물들이 유리 전시관에 갇힌 사람들을 구경하는 장면으로 시작합니다. 웅이는 사육사인 퓨마에게 이끌려 체험장으로 가면서 동물원의 동물들처럼 갇혀 있는 사람들을 봅니다. 체험장에서는 웅이를 구경하던 동물들이 웅이를 만지려 하지요. 겁에 질린 웅이는 도망쳐 길을 잃고 헤매다 이상한 곳에 도착하는데, 이곳에서 충격적인 이야기를 듣고 나가는 길을 찾아 달립니다. 사람이 느끼기에 악몽 같은 이 이야기는 동물원에 있는 동물들이 겪고 있는 현실입니다. 내가 웅이가 되었다고 생각하며 이야기를 읽어 봅시다.

함께 생각해요

앞표지의 아이와 코끼리가 눈높이를 맞추어 서로를 바라보는 모습을 보면 마치 아이와 코끼리가 금방이라도 대화를 나눌 것 같습니다. 만약 영화나 동화에서처럼 동물이 인간의 언어를 말할 수 있다면, 동물들은 우리에게 어떤 말을 할까요? 동물원에 있는 동물들은 인간들에게 무슨 말을 하고 싶을까요? 그들이 우리에게 전하고 싶은 메시지가 무엇일지 생각해 봅시다.

동물원에 갔을 때 제자리를 빙빙 돌거나 스스로 몸을 다치게 하는 동물, 무기력하게 잠만 자는 동물, 자꾸만 머리를 좌우로 흔드는 동물을 본 적이 있나요? 동물은 극심한 스트레스를 받으면 틀에 박힌 행동을 반복하는데, 이러한 행동을 '정형행동'이라고 합니다. 기존의 **서식지**보다 좁은 곳에서 생활할 때, **습성**에 맞는 행동을 하지 못할 때 등 다양한 원인으로 정형행동을 보이지요.

　국내 동물 복지 연구소에서 발표한 〈동물원 실태 조사 보고서〉에 따르면, 동물원의 국제 멸종 위기 야생 동물 대부분이 **자연사**가 아닌 질병과 사고로 사망한다고 합니다. 동물원의 동물이 치열히 생존해야 하는 야생 동물보다 안전할 것으로 예상되지만 전혀 다른 결과가 나온 것입니다. 애니메이션 영화 〈마다가스카〉는 얼룩말, 사자, 기린, 하마, 펭귄이 야생으로 떠나기 위해 미국 뉴욕의 한 동물원을 탈출하며 벌어지는 이야기입니다. 영화에서는 동물들의 유쾌한 여정이 펼쳐지지만 현실은 그렇지 않습니다. 2023년, 뉴욕의 동물원에서 수리부엉이 한 마리가 탈출에 성공했지만 **도심**에서 생활하다 숨을 거둔 채로 발견되고 말았지요.

　우리나라에서도 동물원 탈출 사건이 잇따르고 있습니다. 2018년 퓨마 '뽀롱이'는 대전의 동물원을 탈출했다가 사살됐습니다. 2023년 서울 어린이 대공원을 탈출한 얼룩말 '세로'와 2024년 성남의 생태 체험장을 탈출한 타조 '타돌이'는 결국 **포위**돼 그토록 벗어나려 했던 곳으로 돌아갔습니다. 뽀롱이, 세로, 타돌이도 영화 속 동물들처럼 도심 속 동물원을 벗어나 초원으로 가고 싶었는지도 모릅니다.

　표준국어대사전에 등재된 동물원의 뜻은 '각지의 동물을 관람할 수 있도록 일정한 시설을 갖추어 놓은 곳'입니다. 살아 있는 대상을 관람한다는 표현이 매우 어색하게 느껴집니다. '관람한다'는 보통 '공연, 운동 경기, 미술품 등을 구경한다'라는 의미로 쓰이기 때문입니다. 그렇다면 동물원의 뜻을 수정해야 하지 않을까요?

　사람도 생물체의 한 범주인 동물계에 속합니다. 사람도 언어를 사용하고 도구를 만들어 쓰는 동물이라는 뜻이지요. 달리 말하면 사람이 느끼는 고통과 즐거움을 다른 동물들도 느낄 수 있고, 그들도 원하는 곳에서 살 권리가 있다는 의미입니다. 하지만 동물원 동물들에게는 이 당연한 권리가 주어지지 않습니다.

1948년 **UN** 총회에서는 인간의 자유와 권리를 상세하게 명시한 '세계 **인권** 선언'을 채택했고, 이로 인해 국제 인권법과 여러 국가의 관련 법이 만들어졌습니다. 반면 1978년 '세계 동물 권리 선언'에 명시된 동물의 자유와 권리, 즉 동물권은 인권에 비해 법의 강력한 보호를 받지 못하고 있습니다.

인권은 사람들끼리 서로 존중하며 보장할 수 있지만 동물권은 사람으로부터 보장받습니다. 동물들은 전시와 체험, 오락의 대상이 아니라 지구에서 우리와 함께 살아가는 생명체입니다. 따라서 동물원은 동물의 자유와 권리를 지키는 곳, 사람이 아닌 동물이 즐기는 곳으로 바뀌어야 합니다.

동물을 구경하고 만지기 위해 동물원에 가고 싶다면 입장을 바꾸어 생각해 볼 필요가 있습니다. 여러분이라면 전시관이나 우리에 갇혀 수많은 시선을 받고 싶을까요? 누군가가 내 몸을 함부로 만져도 괜찮을까요? 울타리 밖으로 나왔더니 누군가가 총을 들고 쫓아오면 어떤 마음이 들까요? 동물도 크게 다르지 않을 것입니다.

사고력을 키우는 어휘
- **서식지** 생물이 자리 잡고 사는 일정한 곳
- **습성** 습관이 되어 버린 성질
- **자연사** 늙어서 자연히 죽음
- **도심** 도시의 중심부
- **포위** 주위를 에워쌈
- **UN(United Nations, 유엔)** 국제 평화 유지를 위해 만들어진 범세계적 기구로, 국제연합이라고도 함
- **인권** 인간으로서 가지는 당연한 권리

내용을 확인해요

✱ 동물들의 정형행동이 아닌 것은 무엇일까요?

① 같은 자리를 계속 빙빙 돈다.
② 움직임 없이 계속 잠만 잔다.
③ 자기 몸의 일부를 스스로 다치게 한다.
④ 자신의 습성대로 행동한다.
⑤ 머리를 좌우로 계속 흔든다.

✱ 동물들이 보이는 정형행동의 원인을 두 가지 이상 적어 보세요.

사고력을 높여요

✱ 그림책을 읽고 답해 보세요.

하나 책 속에서 생각하기

- 동물들은 여러 색깔로, 동물원에 갇힌 사람들은 흰색으로 표현된 이유는 무엇일까요?
- 여러분이 주인공 아이라면 이 꿈을 꾸고 깨어났을 때 어떤 생각을 하게 될까요?
- 앞면지와 뒷면지는 어떤 점이 다른가요? 작가는 왜 이런 차이를 주었을까요?

둘 ✿ 나와 내 주변으로 생각 넓히기

- 동물들의 입장을 고려한다면 동물원의 의미를 어떻게 바꿀 수 있을까요?
- 유리창 밖에 있는 사람들이 나를 구경한다면 어떤 느낌이 들까요?
- 길을 가다가 동물원을 탈출한 동물을 발견하면 어떻게 행동해야 할까요?

✽ 동물이 인간의 언어를 말할 수 있다고 가정해 봅시다. 동물원에 있는 동물들은 인간들에게 어떤 말을 하고 싶을까요? 동물이 인간에게 전하고 싶은 메시지를 상상해 써 보세요.

✽ 이야기하고 쓰면서 생각을 정리해 보세요.

하나 옆 사람과 생각 나누기

인권과 동물권은 동등할까요?

인권과 동물권은 동등하다

① 모든 생명체는 소중하다.
동물도 인간과 동등하게 존중받아야 하는 생명체이기 때문이다.

② 태어났을 때부터 주어진 권리다.
무엇으로 태어날지 선택할 수 없기 때문이다. 어쩌면 우리도 동물로 태어났을 수 있다.

인권과 동물권은 동등하지 않다

① 동물권은 모든 동물에게 주어지기 어렵다.
식용 동물, 실험 동물 등은 동물권을 보장받기 어렵다.

② 인권의 내용이 더 복잡하고 다양하다.
세계 인권 선언은 30개 조항이 상세히 적힌 반면 세계 동물 권리 선언의 조항은 14개뿐이다.

둘 🌸 나의 생각 적기

📑 더 읽어 봐요

《에덴 호텔에서는 두 발로 걸어 주세요》 나현정 지음 | 길벗어린이
동물원 '에덴 호텔'의 동물들은 인간들이 호텔을 이용하는 것처럼 최고의 서비스를 누리며 생활합니다. 단 호텔 밖을 자유롭게 나갈 수 없고 두 발로 걸어야 한다는 규칙을 지켜야 합니다. 동물들은 새로 들어온 악어 알로 인해 모험을 떠나게 되는데, 호텔에서 벗어나 네 발로 땅을 걷게 된 동물들은 어떤 기분을 느낄까요?

《동물원 탈출》 김소리 지음 | 웅진주니어
제목에서 알 수 있는 것처럼 이야기는 동물들이 동물원을 탈출하면서 시작됩니다. 동물들이 쫓아오는 사람들을 따돌리며 여기저기 숨는 장면은 마치 숨바꼭질을 하는 듯합니다. 술래인 사람들보다 숨어 있는 동물들을 응원하게 되는데, 동물원을 탈출한 동물들의 여정은 어떻게 이어질까요?

《실내동물원》 조아름 지음 | 빨간콩
'주주 카페'라는 실내 동물원의 동물들과 주인공 민주의 이야기를 통해 실내 동물원의 동물들이 겪는 고통을 짐작할 수 있습니다. 사람들의 호기심과 즐거움을 위해 만든 실내 동물원은 동물들에게 어떤 의미가 담긴 장소일까요?

평생 좁은 닭장에 갇혀 알을 낳아야 한다니!

창의 사고력 ★★★☆☆
비판 사고력 ★★★★★

《4번 달걀의 비밀》 하이진 지음

암탉 세 마리는 매우 작은 닭장에서 함께 살고 있습니다. 좁아서 힘들고 매일 싸우지만 알을 낳는 순간만큼은 아주 즐겁습니다. 암탉들은 자신들이 낳은 알에 매번 '4번'이라는 이름이 붙는다는 것을 깨닫고 그 이유를 나름대로 추측합니다. 그러던 중 4번 달걀의 비밀을 알고 있다는 새로운 암탉이 등장하고, 농장에 사는 닭들이 낳은 알에 모두 4번이라는 이름이 붙는다는 것을 알고 충격에 빠집니다. 농장에서 탈출하고자 결심한 암탉들은 필사의 노력을 다해 자유를 찾아 떠납니다. 탈출한 암탉들은 행복해질 수 있을까요?

함께 생각해요

이 그림책은 '4번 달걀'의 불편한 진실을 전하며 동물들의 사육 환경, 즉 동물 복지에 대해 이야기합니다. 4번 달걀은 '빠른 시간 안에 많이 생산하기 위해, 암탉을 공장식 축산 또는 공장식 사육으로 알려진 비좁고 비위생적인 환경에서 기르며 낳게 한 달걀'이라는 뜻입니다. 여러분은 몇 번 달걀을 먹고 있나요? 생명을 존중해야 하는 이유와 동물들이 편안하게 살 수 있도록 보장해 주는 동물 복지가 왜 필요한지 생각해 봅시다.

달걀에 새겨져 있는 숫자의 의미를 알고 있나요? '난각 번호'라고 부르는 이 숫자는 닭이 달걀을 낳은 날짜, 생산 농장, 사육 환경 등 달걀에 관한 정보를 알 수 있도록 모든 달걀에 표시해야 하는 번호입니다. 달걀 껍데기에 적혀 있는 맨 앞 네 자리 숫자는 닭이 달걀을 낳은 산란일자, 중간 다섯 자리의 알파벳과 숫자는 생산자 고유 번호, 마지막 한 자리의 숫자는 사육 환경 번호를 의미합니다.

　마지막 숫자 1~4번에는 각각 어떤 의미가 담겨 있을까요? 1번은 자연에서 자유롭게 사육된 닭이 낳은 **유기농** 달걀, 2번은 **축사** 1㎡당 아홉 마리씩 생활하며 비교적 자유롭게 자란 닭이 낳은 달걀이라는 뜻입니다. 3번은 기존 닭장을 개선한 신형 닭장에 0.075㎡당 13마리씩 사육하는 환경에서 생산한 달걀, 4번은 기존 닭장, 즉 0.075㎡당 20마리씩 사육하는 환경에서 생산한 달걀이라는 의미입니다. 닭을 한 마리당 A4 용지의 3분의 2 크기의 공간에서 길렀다는 뜻이지요.

　마트에 가면 1번과 2번 달걀에는 '**동물 복지**'라고 쓰인 것을 볼 수 있습니다. 최대한 자연에 가까운 넓은 땅에 풀어 놓고 사육하는 동물 복지 축산 인증 농장의 달걀과 우유, 고기 등 축산물에 붙는 이름이지요. 하지만 대부분의 농장은 적은 비용을 들여 최대한 많이 생산하기 위해 닭과 돼지, 소 등 동물들을 공장식 축산으로 기릅니다.

　공장식 축산이란 '동물을 비좁은 공간에 빽빽하게 밀집시켜 사육하는 방식'입니다. 생산비를 줄이기 위해 동물들의 생명권을 무시하고 좁은 곳에 가두어 키우는 것이지요. 이런 환경에서 자란 동물은 생명체가 아닌 상품으로만 평가됩니다. 우리나라 농장은 거의 99%가 공장식 축산으로, 4번 달걀이 우리나라에서 생산되는 달걀의 96%를 차지합니다.

　공장식 축산은 동물뿐만 아니라 사람에게도 해롭습니다. 좁은 공간에 여러 마리가 밀집해 생활하는 비위생적인 환경에서는 동물들이 전염병에 걸릴 확률이 높아집니다. 그래서 공장식 축산 농장에서는 동물들에게 각종 약물과 **항생제**를 먹여 키우는데, 이 성분은 결국 축산물을 먹는 인간에게도 돌아옵니다. 우리는 우리의 식탁을 위해, 극심한 스트레스를 받는 동물을 위해 무엇을 할 수 있을까요?

그 첫걸음은 동물 복지 제품을 이용하는 **윤리적 소비**입니다. 공장식 축산은 사람들의 **수요**가 있기 때문에 존재합니다. 우리가 지속해서 동물 복지 농장의 제품을 구매하면 동물 복지 농장이 점점 늘어날 것입니다. 근본적인 해결책은 달걀, 우유, 고기 등 축산물 소비를 줄이는 것이지만, 기존의 공장식 축산을 동물 복지 축산으로 바꾸는 것도 중요하다는 뜻입니다. 동물 복지 축산에서는 동물이 고유의 습성을 누리며 살 수 있는 넓고 쾌적한 환경을 제공하고, 성장 촉진제나 호르몬제 같은 약물을 사용하지 않기 때문이지요.

유기농 채소와 동물 복지 농장의 제품을 구매하는 일은 조금 더 불편하고 조금 더 비용을 들여야 하는 일입니다. 동물 복지를 위한 실천이 우리에게 당장 어떤 이익을 가져다주지도 않습니다. 하지만 하나하나의 실천이 모이면 큰 변화를 만들 수 있습니다. 동물과 더불어 행복해질 방법을 고민하고 실천해 보면 어떨까요?

사고력을 키우는 어휘
- **유기농** 화학 비료나 농약을 쓰지 않은 농업 방식
- **축사** 가축 등의 동물을 기르기 위해 지은 시설
- **㎡(제곱미터)** 미터법에 의한 넓이의 단위로, 1㎡는 가로와 세로의 길이가 각각 1m인 사각형의 넓이
- **동물 복지** 동물 학대와 살상을 막고 각각의 특성에 맞게 대하는 행동으로, 동물의 생명권을 존중하는 운동
- **항생제** 미생물이나 바이러스를 선택적으로 억제하거나 죽이는 약
- **윤리적 소비** 개인의 이익만이 아니라 공공의 이익을 추구하는 소비
- **수요** 어떤 물건이나 노동력을 일정한 가격으로 사려고 하는 욕구

내용을 확인해요

✽ 달걀에 찍힌 난각 번호에 각각 어떤 의미가 있는지 적어 보세요.

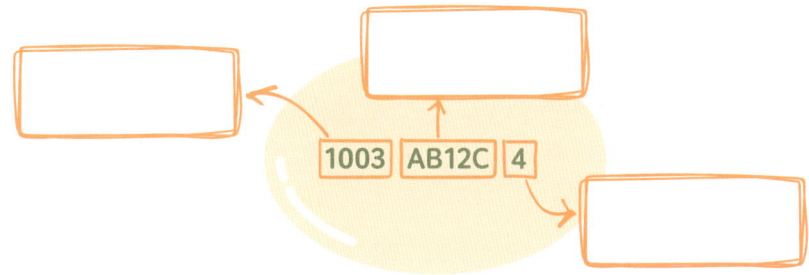

✽ 번호가 의미하는 사육 환경을 선으로 이어 보세요.

1번 달걀 • • A4 용지 크기보다 작은 닭장

2번 달걀 • • 자연에 방사

3번 달걀 • • 축사 안에서 방사

4번 달걀 • • 개선한 신형 닭장

✽ 윤리적 소비의 뜻을 찾아 써 보세요.

사고력을 높여요

✽ 그림책을 읽고 답해 보세요.

하나 ✿ 책 속에서 생각하기

· 암탉들은 자신들이 낳은 달걀에 4가 적힌 이유를 무엇이라고 추측했나요?
· 4번 달걀의 비밀을 알게 된 암탉들은 어떤 감정이 들었을까요?
· 농장을 탈출한 암탉들이 천국에 도착했다고 생각한 이유는 무엇일까요?

둘 ❋ 나와 내 주변으로 생각 넓히기

· 우리는 몇 번 숫자가 적힌 달걀을 사는 편이 좋을까요?
· 공장식 축산과 동물 복지 축산의 차이점은 무엇일까요?
· 공장식 축산을 하는 농장 주인에게 어떤 말을 하고 싶나요?

✳ 우리 집에 있는 달걀의 마지막 번호는 몇 번인가요? 우리 집 달걀을 낳은 닭이 어떤 환경에서 살았을지 생각해 보고, 내가 동물 복지를 위해 실천할 수 있는 일을 써 보세요.

✦ 우리 집 달걀의 마지막 번호는 무엇인가요?

✦ 우리 집 달걀을 낳은 닭은 어떤 환경에서 살았을까요?

✦ 내가 동물 복지를 위해 실천할 수 있는 일은 무엇일까요?

✳ 이야기하고 쓰면서 생각을 정리해 보세요.

하나 ❋ 옆 사람과 생각 나누기

공장식 축산을 금지해야 할까요?

금지해야 한다	금지하면 안 된다
① 생명 윤리 측면에서 문제가 있다. 가축도 존중받아야 하는 생명체이기 때문이다. 사육 환경을 개선하면 질병 발생률이 감소해 죽는 가축의 수를 줄일 수 있다.	① 축산물을 다양하고 저렴하게 이용할 수 있다. 축산물을 안정적으로 공급하려면 대량 사육이 필요하다. 그렇지 않으면 축산물 가격이 올라 형편이 어려운 사람들에게 부담이 될 수 있다.
② 인간에게도 악영향이 있다. 동물을 질병 바이러스가 가득한 공간에서 키우며 항생제 같은 약물을 먹이면 축산물을 먹는 인간에게도 해롭다.	② 축산물의 품질과 규격이 균일해진다. 대량 생산으로 동일한 축산물이 생산되기 때문에 품질을 관리하기 쉽고, 축산업 종사자들은 기계화 등을 통해 노동력을 줄일 수 있다.

둘 🌸 나의 생각 적기

📑 더 읽어 봐요

《앵커 씨의 행복 이야기》 남궁정희 지음 | 노란돼지
행복한 늑대 앵커 기자는 공장식 농장의 실태를 고발하는 신문 기사를 쓰며 마음 아파합니다. 농장의 동물과 함께 행복할 수 있는 방법을 고민하고, 작은 것부터 실천해 나가는 앵커 씨를 통해 동물 복지에 대해 생각할 수 있습니다.

《암탉은 파업 중》 필라르 세라노 글·마르 페레로 그림 | 김지애 옮김 | 라임
좁고 어두운 닭장에 사는 암탉들은 질 좋은 달걀을 낳으라는 주인의 요구가 부당하다며, 자신들의 권리를 찾기 전까지는 달걀을 낳지 않겠다고 선언합니다. 주인들이 이 문제를 해결하는 과정을 통해 사람과 동물이 더불어 건강하고 행복하게 살아가는 방법에 대해 고민해 봅시다.

《나는 소고기입니다》 김주연 글·경혜원 그림 | 씨드북
한 마리의 소가 태어나 고기가 되어 우리 식탁에 오르기까지의 과정을 소의 시선으로 담담하게 표현합니다. 어떤 동물의 생명의 희생으로 맛있는 고기 요리가 만들어졌는지 생각하며, 인간을 위해 희생하는 동물의 삶을 들여다봅시다.

가족과 친구가 사라졌어요

창의 사고력 ★★★★★
비판 사고력 ★★★★★

《마지막 코끼리》 이노우에 나나 지음

코끼리가 멸종되기 직전, 세상에 마지막 남은 코끼리의 이야기입니다. 코끼리의 다리, 코, 귀, 상아를 다른 것에 빗대 묘사하는 시작 부분의 그림은 연필로만 그려져 아주 오래된 과거를 회상하는 느낌을 줍니다. 어느 날 갑자기 등장한 사과는 가족도, 친구도 남지 않아 외롭고 슬픈 코끼리에게 여행을 가자고 제안합니다. 여행을 시작한 코끼리는 머리 위에 얹은 사과에게 그동안 마음에 품고 있었던 몇 가지 궁금증을 털어놓습니다. '나에게는 왜 상아가 있을까?' '만약 상아가 없었다면 코끼리들이 함께 살고 있었을까?' 어쩌면 이 질문은 사과뿐만 아니라 이 책을 읽는 우리에게 던지는 말이 아닐까요?

함께 생각해요

지구에 사는 모든 생물은 서로 먹고 먹히는 먹이 사슬 관계, 서로 영향을 주고받는 공생 관계로 생태계의 균형을 이룹니다. 인간도 예외는 아닙니다. 생태계의 일부로서 다른 동식물의 영향을 받고 있기 때문에 어떤 생물의 멸종은 인간의 생존에도 위협적입니다. 한번 인간이 멸종 위기에 처했다고 가정하고, 내가 세상에 홀로 남겨진 '마지막 인간'이라고 상상해 볼까요? 세상에 친구도 가족도 남지 않은 마지막 인간이라면 어떤 마음일지, 무엇을 할지 생각해 봅시다.

우리나라의 멸종 위기 동물은 국제 환경 단체에서 지정하는 멸종 위기종과 달리 우리나라 〈야생 동·식물 보호법〉에 의해 멸종 위기 등급이 정해집니다. 크게 멸종 위기 야생 생물 1급과 2급으로 나누는데, 1급은 '어떠한 요인으로 **개체** 수가 크게 줄어들어 멸종 위기에 처한 야생 생물', 2급은 '어떠한 요인으로 개체 수가 크게 줄어들어 현재의 요인이 없어지거나 **완화**되지 않을 경우 가까운 미래에 멸종 위기에 처할 수 있는 야생 생물'입니다. 즉 1급은 이미 멸종 위기에 처한 생물이고 2급은 현재의 요인이 나아지지 않으면 곧 멸종 위기에 처할 생물입니다.

　멸종 위기 야생 생물 1급 동물에는 늑대, 수달, 여우, 표범, 호랑이 등이 있고 2급 동물에는 물개, 소똥구리, 하늘다람쥐, 독수리, 올빼미 등이 있습니다. 우리나라 서해의 백령도에서 볼 수 있는 점박이물범도 멸종 위기 야생 생물 2급에 속하는 동물입니다. **천연기념물**인 점박이물범이 백령도에 나타나는 이유는 백령도 주변 바다에 물범이 좋아하는 물고기가 많고 쉴 수 있는 바위가 있기 때문이라고 합니다.

　한 동물 전문 TV 프로그램에서 점박이물범에 관해 방영한 적이 있는데, 점박이물범들은 백령도 어민의 배가 나타나면 그 주변에 모여들어 어민들이 바다에 던진 **어망**에 구멍을 냈습니다. 그 안의 물고기를 빼 먹기 위해서였지요. 어민들은 매번 어망을 바느질해야 했지만 "어떻게 하겠어요. 같이 살아야지, 먹고 살려고 그러는 거니까……"라고 말했습니다. 점박이물범을 단순히 동물로 보기보다 식량을 나누는 이웃으로 생각하는 듯했습니다. 하지만 이런 점박이물범도 개체 수가 점점 줄어든다면 독도에 살던 바다사자 강치처럼 멸종돼 완전히 사라질 수 있습니다.

　코끼리는 세계적인 멸종 위기에 처한 대표적인 동물입니다. 코끼리의 개체 수가 줄어든 이유는 첫째, 인간의 지나친 환경 **개발**로 인해 서식지가 파괴됐기 때문입니다. 둘째, **밀렵꾼**들이 코끼리를 함부로 사냥했기 때문입니다. 코끼리의 **상아**로 만든 공예품이나 장식품은 비싼 값에 판매됩니다. 즉 밀렵꾼들이 상아로 돈을 벌기 위해 수많은 코끼리의 생명을 빼앗았다는 뜻이지요. 셋째, 기후 변화의 영향으로 가뭄이 심해지면서 코끼리의 먹이인 풀과 열매가 점점 사라지고 물이 부족해졌기 때문입니다.

  동물 보호 단체들은 멸종 위기에 처한 코끼리를 보호하고자 8월 12일을 '세계 코끼리의 날'로 지정했습니다. 이처럼 우리는 멸종 위기 동물을 보호하기 위해, 이 땅에 그들의 터전도 필요하다는 사실을 기억하고 함께 살아가기 위해 노력해야 합니다. 동물의 생명을 **위협**하거나 빼앗는 사람들을 법적으로 강력하게 처벌해야 하고, 동물 보호 구역을 늘려서 동물이 서식하는 환경을 보존해야 합니다. 무분별한 **포획**, 환경 오염과 개발, 기후 변화 등으로 사라지고 있는 동물을 보호하고, 우리와 함께 살아가는 소중한 생명, 멸종 위기 동물들이 사라지지 않게 하는 방법을 생각해 봅시다.

사고력을 키우는 어휘

- **개체** 하나의 독립된 생물체
- **완화** 긴장된 상태나 급박한 것을 느슨하게 함
- **천연기념물** 국가에서 지정해 법률로 보호하는 동물, 식물, 지형 따위의 자연유산
- **어망** 물고기를 잡는 데 쓰는 그물
- **개발** 토지나 천연자원을 쓸모 있게 만듦
- **밀렵꾼** 허가를 받지 않고 몰래 사냥하는 사람
- **상아** 엄니 모양으로 길게 자란 코끼리 위턱의 송곳니
- **위협** 두려워하게 함
- **포획** 짐승이나 물고기를 잡음

내용을 확인해요

✱ 멸종 위기 야생 생물 1급에 포함되지 않는 동물을 고르세요.

① 호랑이　　② 늑대　　③ 독수리　　④ 수달　　⑤ 표범

✱ 동물들이 멸종 위기에 처하게 된 이유를 두 가지 이상 적어 보세요.

사고력을 높여요

✱ 그림책을 읽고 답해 보세요.

하나 책 속에서 생각하기
- 이 책에는 말하는 사과가 등장합니다. 작가는 왜 사과를 등장시켰을까요?
- 마지막 코끼리에게 사과는 어떤 의미일까요?
- 마지막 코끼리가 눈물을 흘리는 장면이 나옵니다. 코끼리는 왜 울었을까요?

둘 ✿ 나와 내 주변으로 생각 넓히기
- 지구에 인간이 살지 않았다면 어땠을까요?
- 멸종 위기 동물을 보호하기 위해 우리가 실천할 수 있는 일은 무엇일까요?
- 멸종 위기 동물이 사라지지 않게 하는 방법은 무엇인가요?

✱ 생태계의 법칙에 따라, 인간의 생존에 큰 영향을 주는 동물들이 멸종되면 인간도 멸종 위기에 처할 수 있습니다. 여러분이 세상에 홀로 남겨진 마지막 인간이라고 상상해 보고, '마지막 인간' 이야기를 만들어 봅시다.

✱ 이야기하고 쓰면서 생각을 정리해 보세요.

하나 ✿ 옆 사람과 생각 나누기

멸종 위기 야생 생물을 보호하기 위해 사람의 출입을 통제하는 구역을 만들어야 할까요?

출입 통제 구역을 만들어야 한다

① 인간과 동물의 영역을 구분하는 편이 좋다.
인간으로 인해 동물들이 멸종 위기에 처했기 때문이다.

② 생태계가 잘 보존된다.
한반도의 비무장 지대 사례에서 보듯 사람들의 출입을 통제하면 동물들의 서식지가 파괴되지 않는다.

출입 통제 구역을 만들면 안 된다

① 사람들이 생활 터전을 잃게 된다.
사람이 사는 곳에 출입 통제 구역을 만들면 사람들이 기존의 생활 터전을 떠나야 한다.

② 동물들이 살기 적합한 서식지를 인위적으로 만들기 어렵다.
영토의 대부분이 산업화, 도시화로 개발됐기 때문이다.

둘 나의 생각 적기

📑 **더 읽어 봐요**

《우리 곧 사라져요》 이예숙 지음 | 노란상상
점점 사라지고 있는 바다 동물들의 이야기로, 가족과 친구들을 애타게 찾는 바다 동물들의 모습에서 안타까움이 느껴집니다. 멸종 위기에 처한 바다 동물들은 사람들에게 어떤 이야기를 하고 싶을까요?

《마지막 도도새》 이새미 지음 | 책고래출판사
300여 년 전 모리셔스섬에 살았던 마지막 도도새에 대해 전해 내려오는 이야기입니다. 인간들이 모리셔스섬에 오면서 섬의 평화가 깨지고, 인간들이 데려온 동물들이 도도새를 사냥합니다. 마지막 도도새 이야기를 통해 우리는 무엇을 깨달을 수 있을까요?

《웃는 얼굴 쿼카》 수수아 지음 | 어린이작가정신
호주에 사는 쿼카는 멸종 위기 동물입니다. 호주에서 일어난 큰 산불로 인해 많은 동물이 목숨을 잃고 쿼카도 산불의 피해를 받았습니다. 웃는 얼굴 쿼카와 함께 살아가기 위해 우리는 무엇을 해야 할까요?

같이 먹고살면 안 될까요?

창의 사고력 ★★★★☆
비판 사고력 ★★★★☆

《고라니 텃밭》 김병하 지음

채소 기르기를 좋아하는 주인공 아저씨는 숲속에 텃밭을 만들고 정성껏 돌봅니다. 그러던 어느 날 누군가가 텃밭의 쑥갓과 상추를 몽땅 먹어 치웁니다. 화가 난 아저씨는 텃밭 근처에서 며칠을 기다려 범인을 발견하지만 놓치고 맙니다. 아저씨는 다시 모종과 씨앗을 심고 텃밭 주변에 울타리를 세웁니다. 며칠 뒤 또 텃밭이 엉망이 되자 이번에도 범인을 잡기 위해 기다리는데, 범인을 확인한 아저씨는 고민하다 텃밭을 반으로 나누어 한쪽에만 울타리를 칩니다. 텃밭의 식물을 먹어 치운 범인은 누구였고, 아저씨는 왜 텃밭을 반으로 나누었을까요? 반으로 나뉜 텃밭은 어떻게 될까요?

함께 생각해요

야생 동물은 자연에서 태어나 그곳에서 사는 동물입니다. 예전에는 야생 동물과 사람이 다른 곳에 살아서 서로에게 피해를 주지 않았습니다. 하지만 사람들이 숲과 산, 강과 들을 개발하자 살 곳을 잃은 야생 동물들이 논밭이나 도시로 나타나게 되었습니다. 야생 동물의 입장에서는 도시로 가는 것이 당연한 선택 아니었을까요? 야생 동물이 살던 숲과 산, 강과 들을 원래대로 돌려주면 도시에 나타난 야생 동물로 인한 피해가 줄어들지 않을까요?

유해 야생 동물은 '사람의 생명이나 재산의 지속적인 피해를 입혀 환경부에서 정한 **법령**으로 지정된 동물'로, 최근에는 유해 야생 동물로 지정되는 동물의 종류가 늘어나고 있다고 합니다.

　고라니와 멧돼지는 원래 숲과 산에서 살아가는 동물이지만 사람들이 숲과 산의 개발하자 살 곳도 먹이도 없어져 도시와 논밭으로 향하게 되었습니다. 두 동물은 농작물을 먹거나 흙을 파헤쳐 해마다 농가에 적지 않은 피해를 입혀 유해 야생 동물로 지정돼 관리되고 있지요. 집비둘기도 마찬가지입니다. 아파트와 공원에 '집비둘기에게 먹이를 주지 마세요!'라고 적힌 현수막이 걸린 것을 볼 수 있습니다. 집비둘기는 왜 숲이 아닌 도시에서 살아가고, 사람들은 왜 집비둘기에게 먹이를 주지 말라고 할까요?

　2009년 **환경부** 발표 자료에 따르면, 1980년대 들어 정부는 아시안 게임, 올림픽 등 국제 행사에서 평화를 기원하는 의미로 많은 수의 집비둘기를 **방사**했습니다. 방사된 집비둘기는 사람이 주는 먹이를 먹으면서 스스로 먹이를 구하지 않게 되었습니다. 식량을 구할 필요가 없으니 숲이 아닌 사람이 많은 도시나 공원에서 살게 된 것이지요. 개체 수가 빠르게 늘어난 집비둘기는 유해 야생 동물로 지정됐습니다. 집비둘기의 깃털에 있는 여러 세균이 사람들에게 알레르기 등 위생 문제를 일으킬 위험이 있고, 집비둘기의 배설물이 문화재나 건물을 **부식**시키기 때문입니다.

　야생 동물로 인한 피해를 줄이려면 어떻게 해야 할까요? 첫째, 유해 야생 동물로 지정한 동물들을 포획하는 방법이 있습니다. 동물을 잡아 개체 수를 줄여 피해도 줄이는 것이지요. 둘째, **지방 자치 단체**의 도움을 받을 수 있습니다. 야생 동물 피해가 빈번한 지역에서는 시청이나 구청에서 논밭의 농작물을 보호하기 위한 시설물 설치 비용을 지원해 주고 있습니다. 유해 야생 동물 관련 내용이 담긴 현수막을 게시하고 안내하는 캠페인 활동도 하고 있지요. 셋째, 숲과 산, 들과 강의 개발을 멈추고 야생 동물의 서식지를 **복원**하는 방법도 있습니다. 오랜 시간과 노력이 필요하지만, 서식지가 복원되면 동물들은 논밭이 아닌 그곳에서 다시 살아갈 것입니다. 마지막 넷째는 야생 동물과 함께 살아갈 건물을 설계하고 짓는 것입니다. 스페인에는 지역의 야생 동물과 함께할 수 있는 에듀칸(educan)이라는 건물이 있습니다. 반려견과 반려인의 편의를 고려해 설계된 훈련용 건물로, 인근의 새와 박쥐들을 위한 둥지와 쉴 곳, 물통도 곳곳에 설치돼 있습니다.

인간이 입는 피해를 줄이기 위해 실시한 방법이 모두 좋은 결과로 이어지지는 않았습니다. 특히 유해 야생 동물을 포획하기 시작하면서 '유해 야생 동물은 보호하지 않아도 된다'라고 생각하는 사람이 늘어났지요. 우리는 야생 동물에 대한 사람들의 생각이 바뀌도록 교육과 캠페인 활동을 지속해야 합니다. 사람에게 심각한 피해를 주지 않는 한 야생 동물은 기본적으로 보호받아야 합니다. 다양한 방법이 연구되고 만들어져 야생 동물과 사람이 함께 평화롭게 살아가는 세상을 떠올려 봅시다.

사고력을 키우는 어휘

- **법령** 법률과 명령
- **환경부** 자연과 생활 환경 유지, 오염 방지 사무를 맡아보는 중앙 행정 기관
- **방사** 잡힌 동물을 놓아 줌
- **부식** 금속이 화학 작용으로 인해 금속 화합물로 변화함
- **지방 자치 단체** 특별시·광역시·도·시 등의 구역 내에서 법이 인정하는 자치권을 소유하는 단체. 주민 복지와 재산에 관한 사무를 법령의 범위 안에서 자체적으로 관리함
- **복원** 원래대로 회복함

내용을 확인해요

✱ 유해 야생 동물에 관한 설명으로 옳지 않은 것을 고르세요.

① 유해 야생 동물은 사람이 포획할 수 있다.
② 사람의 생명이나 재산에 피해를 주는 야생 동물이다.
③ 유해 야생 동물은 사람에게 피해를 주기 때문에 보호하지 않아도 된다.
④ 유해 야생 동물은 환경부에서 법령으로 지정한다.
⑤ 유해 야생 동물로 지정되는 동물의 종류가 점점 늘어나고 있다.

✱ 사건의 원인과 결과를 바르게 연결해 보세요.

원인	결과
개발로 인해 야생 동물이 사는 곳과 먹이를 잃음	문화재와 건물이 집비둘기 배설물에 의해 부식됨
고라니와 멧돼지가 농작물을 먹거나 흙을 파헤쳐 피해를 줌	고라니와 멧돼지가 유해 야생 동물로 지정됨
1980년 많은 수의 집비둘기가 방사됨	야생 동물이 논밭이나 도시에 나타남

✱ 유해 야생 동물과 사람이 함께 살아갈 방법을 적어 보세요.

사고력을 높여요

✱ 그림책을 읽고 답해 보세요.

하나 🐾 책 속에서 생각하기

· 열심히 키운 텃밭이 망가졌을 때 아저씨는 어떤 마음이었을까요?
· 아저씨는 텃밭을 망가뜨린 범인이 고라니 가족인 것을 알고 어떤 생각을 했을까요?
· 아저씨가 고라니를 위한 텃밭을 만든 이유는 무엇일까요?

둘 🌸 **나와 내 주변으로 생각 넓히기**

· 유해 야생 동물을 보거나 떠올리면 어떤 느낌이나 생각이 드나요?
· 유해 야생 동물이 논밭으로 내려오는 이유는 무엇일까요?
· 동물과 사람이 함께 평화롭게 지낼 방법에는 무엇이 있을까요?

✱ 스페인의 에듀칸처럼 야생 동물과 함께 살아갈 수 있는 텃밭이나 건물을 그리고 설명해 보세요.

내가 설계한 텃밭 또는 건물	왜 이렇게 설계했나요?

✱ 이야기하고 쓰면서 생각을 정리해 보세요.

하나 🌸 **옆 사람과 생각 나누기**

유해 야생 동물인 집비둘기에게 먹이를 주어야 할까요?

먹이를 주어야 한다

① 집비둘기도 살아 있는 생명이다.
유해 동물이라도 생명은 소중하기 때문에 목숨을 잃지 않도록 먹이를 주어야 한다.

② 개체 수를 줄이는 효과적인 방법이 아니다.
지나친 번식을 방지하는 불임 먹이를 주거나 다른 효과적인 방법을 연구하고 개발한다.

먹이를 주면 안 된다

① 인간에게 피해를 입힌다.
깃털과 배설물의 곰팡이균으로 인해 질병에 걸릴 수 있고, 배설물은 건물도 부식시킨다.

② 개체 수를 줄이는 효과적인 방법이다.
먹이를 끊으면 쉽고 빠르게 개체 수를 줄일 수 있다.

둘 ✿ 나의 생각 적기

더 읽어 봐요

《같이 삽시다 쭘!》 하수정 지음 | 길벗어린이
평화의 상징이던 비둘기가 도시의 골칫거리가 되면서 사람들이 비둘기에게 먹이를 주지 않고 쫓아내는 일이 반복됩니다. 그런 비둘기를 불쌍히 여겨 먹이를 주던 할아버지가 병원에 입원하는데, 할아버지를 찾아간 비둘기들에게 어떤 일이 벌어질까요?

《꿀벌과 거미를 지켜 줘》 에밀리 바스트 지음 | 박나리 옮김 | 풀빛
어느 날 부지런히 꿀을 나르던 꿀벌이 거미줄에 걸립니다. 꿀벌은 거미줄을 만든 거미와 함께 꿀벌과 사람들에 관한 이야기를 나눕니다. 꿀벌과 거미에 대해 우리가 몰랐던 사실을 배우고, 곤충과 함께 살아갈 방법에 대해 생각해 볼 수 있습니다.

《평창빌라 반달이 관찰기》 김윤이 지음 | 나무의말
어느 날 평창동 빌라에 사는 반려견 반달이의 집에 고양이가 찾아옵니다. 고양이를 경계하던 반달이는 어떤 과정을 통해 낯선 고양이와 빌라 발코니에서 함께 살아가게 될까요?

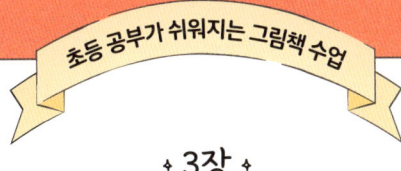

· 3장 ·

다른 사람, 다른 나라의 환경을 이해해요

여자다운 것도, 남자다운 것도 없어!

창의 사고력 ★★★☆
비판 사고력 ★★★★☆

《엄마 소방관, 아빠 간호사》 한지음 글·김주경 그림

이 책은 신기하게도 앞뒤로 펼쳐 읽을 수 있습니다. 앞표지를 펼치면 엄마 소방관, 뒤표지를 펼치면 아빠 간호사의 이야기가 시작되지요. 책의 중간에서 두 이야기의 결말이 만납니다. 주인공의 엄마는 소방관입니다. 여자가 할 수 없는 일이라는 주위의 따가운 시선에 힘들 때도 많지만 언제든 달려가 사람들을 돕습니다. 아빠는 간호사입니다. 누군가는 남자가 간호사인 것을 이상하게 보지만 아픈 사람들을 잘 보살피는 최고의 간호사지요. 남자와 여자는 서로 다릅니다. 하지만 그것 때문에 내가 하고 싶은 일을 하지 못한다면, 과연 공정하고 평등한 사회라고 할 수 있을까요?

함께 생각해요

어린아이들은 성별에 관계없이 어울려 놉니다. 그러다 시간이 흐르면 색깔, 직업, 놀이 같은 기준으로 남녀를 구분하고 차별하기 시작하지요. '예쁘다'라는 말은 여자에게, '멋있다'라는 말은 남자에게 어울린다고 생각하는 것처럼 말입니다. 이런 편견이 쌓이면 '나는 여자니까 비행기 조종사가 될 수 없을 거야' 같은 생각이 들어 나의 꿈을 펼치기 어려워집니다. 성 역할에 대한 선입견과 고정 관념을 없애고, 모두가 평등하고 공정한 사회를 위해 함께 노력해야 하지 않을까요?

양성평등이란 '남자와 여자가 모든 영역에서 서로 차별하지 않고 동등하게 **대우**받고 같은 참여 기회를 가지는 것'을 말합니다. 사람이라면 누구나 **성별**에 구애받지 않고 사회의 다양한 영역에서 똑같은 기회와 자격을 누릴 권리가 있습니다. 예를 들면 남자가 할 수 있는 일은 여자도 할 수 있고, 여자가 하는 일도 남자가 할 수 있어야 합니다. 모두의 꿈이 남녀에 관계없이 존중받아야 하며, 이를 위한 공평한 기회가 주어져야 한다는 뜻입니다. 하지만 우리는 종종 양성평등이 잘 이루어지지 않은 사회의 모습을 마주합니다.

　　대표적인 **편견**이 바로 여자는 간호사, 남자는 경찰관에 어울린다는 직업에 대한 선입견입니다. 이러한 생각 때문에 원하는 직업을 가지는 데 어려움을 겪는 사람이 많습니다. 예전에는 경찰관과 소방관을 남자만 하는 직업으로 여겼지만 지금은 여성도 많이 도전하고 있습니다. 여자 경찰, 여자 소방관도 남자 경찰, 남자 소방관과 똑같이 시민을 보호하고 화재를 **진압**하는 중요한 역할을 합니다. 반대로 보육 교사와 간호사는 여성의 직업으로 알려졌지만 요즘은 남성 보육 교사와 간호사도 많아졌습니다. 남자 보육 교사와 간호사도 아이들을 즐겁게 가르치고 정성껏 환자를 돌보며 성별과 무관하게 사회에서 중요한 역할을 하고 있습니다.

　　교실에서도 남녀 차별을 찾아볼 수 있습니다. 선생님 또는 친구로부터 "남자가 소심하게 왜 울고 그래?" 또는 "여자들은 축구보다 발야구를 하는 편이 낫지 않을까?"라는 말을 들어 본 적이 있나요? 이 말에는 남녀의 역할에 대한 **고정 관념**이 숨어 있습니다. 그래서 남학생과 여학생이 체육 수업에서 하는 활동이 달라지고, 교실에서 담당하는 역할에 차이가 생기기도 하지요.

　　이러한 편견이 쌓이면 남녀 사이에 양성평등에 대한 오해와 생각의 차이가 생겨 갈등으로 번질 수 있습니다. 한쪽 성별이 이익을 얻으면 다른 한쪽이 손해를 본다고 생각하고, 적을 대하듯이 서로를 비난하거나 싸우게 되지요. 양성평등이 잘 이루어지는 공정한 사회를 만들려면 어떤 노력을 해야 할까요?

첫째, 가정과 학교는 교육을 통해 어려서부터 남자와 여자가 동등하고 서로 존중해야 한다는 점을 알려 주어야 합니다. 둘째, 사회는 TV 프로그램과 영화, 책 등 아이들이 접하는 콘텐츠에 남녀가 여러 역할을 하는 모습을 담아 성별에 대한 고정 관념을 없애야 합니다. 셋째, 정부와 여러 기관에서 양성평등에 대한 바른 **정책**을 세우고 모두가 평등하게 일할 수 있는 환경을 만들어야 합니다.

이 중 무엇보다 중요한 점은 가정에서 모든 가족이 동등하게 역할을 분담하도록 노력해야 한다는 것입니다. 아이가 누군가에게 차별적인 말이나 농담을 들으면 예의 바르게 지적하고, 그런 표현이 불편하다는 의사를 전할 수 있도록 알려 주어야 합니다. 사람은 누구나 귀한 존재입니다. 남자와 여자의 차이를 인정하고, 서로 배려하고 존중할 때 모두가 평등하고 행복한 사회가 될 수 있습니다.

사고력을 키우는 어휘

- **대우** 예의를 갖추어 대함
- **성별** 사람의 경우 남녀의 구별
- **편견** 어떤 사람이나 문화에 대해 잘 알지 못하면서 가지는 잘못된 생각이나 의견
- **진압** 강한 힘으로 억눌러 진정시킴
- **고정 관념** 지나치게 일반화해 또는 부정확하게 믿고 있는 생각들
- **정책** 정부, 단체, 개인이 앞으로 나아갈 방향이나 취해야 할 방침

내용을 확인해요

* 양성평등의 뜻을 적어 보세요.

* 빈칸에 설명에 맞는 단어를 찾아 써 보세요.

  (   ) 사람의 경우 남녀의 구별
  (   ) 강한 힘으로 억눌러 진정시킴
  (   ) 어떤 문화에 대해 잘 알지 못하면서 가지는 잘못된 생각이나 의견
  (   ) 지나치게 일반화해 또는 부정확하게 믿고 있는 생각들

* 양성평등이 잘 이루어지는 공정한 사회를 만들기 위한 노력 세 가지 중 하나를 골라 써 보세요.

사고력을 높여요

* 그림책을 읽고 답해 보세요.

  하나 책 속에서 생각하기
  · 엄마가 소방관이라는 말을 들은 사람들은 주인공에게 뭐라고 말했나요?
  · 아빠의 병원 환자들은 왜 여자 간호사를 불러 달라고 말했을까요?
  · 이 책의 주인공 아이는 몇 명이고, 그렇게 생각한 이유는 무엇인가요?

둘 나와 내 주변으로 생각 넓히기

· 남자와 여자의 역할이나 직업에 관한 편견을 듣거나 경험한 적이 있나요?
· 성별이 나의 직업과 꿈을 결정하는 데 영향을 준다고 생각하나요?
· 양성평등을 위해 나는 어떤 노력을 할 수 있을까요?

✱ 아래 공공 안내 표지의 그림은 '육아가 여성의 역할이라는 편견을 심어 줄 수 있다'라는 이유로 교체됐습니다. 모두가 평등한 양성평등 안내 표지를 그리고, 어떤 안내 표지인지 설명해 보세요.

편견이 드러난 공공 안내 표지의 예	내가 디자인한 양성평등 안내 표지

안내 표지의 이름은 무엇이고, 어떤 의미가 담겨 있나요?

✱ 이야기하고 쓰면서 생각을 정리해 보세요.

하나 옆 사람과 생각 나누기

학교에서 남자와 여자에게 같은 역할과 책임을 주는 것은 공정할까요?

공정하다

① **평등한 기회를 제공해야 한다.**
남녀가 같은 역할을 맡고 같은 책임을 져야 동등한 기회를 가지는 것이라 할 수 있다.

② **편견을 극복하는 데 도움이 된다.**
성별에 대한 고정 관념을 깨는 데 도움을 주고, 이를 통해 서로를 존중하고 다양성을 인정할 수 있다.

공정하지 않다

① **성별의 특성이 다르다.**
남자와 여자의 다른 신체적·정서적 특성을 고려하지 않으면 비효율적으로 일하게 되어 좋은 결과가 나올 수 없다.

② **개인의 흥미와 능력을 반영해야 한다.**
각자의 흥미와 능력에 따라 역할을 선택해야 효과적으로 일할 수 있고 좋은 결과가 나온다.

둘 🌸 나의 생각 적기

더 읽어 봐요

《여자 놀이, 남자 놀이? 우리 같이 놀자》 소피아 파니두 글·다니엘라 스타마티아디 그림 | 김이슬 옮김 | 키다리
지구에 놀러 온 외계인 픽스는 새로운 친구들과 놀고 싶습니다. 그런데 아이들은 자꾸 픽스가 남자인지, 여자인지, 여자 놀이를 좋아하는지, 남자 놀이를 좋아하는지 이상한 질문만 합니다. 픽스와 친구들의 대화를 통해 성 역할에 대해 쉽게 알아봅시다.

《분홍 소녀 파랑 소년》 패트리샤 피티 지음 | 양병헌 옮김 | 푸른숲주니어
브루노는 유치원에서 신기한 점을 발견합니다. 남자아이는 모두 파란색 옷을 입고 있고, 여자아이는 온통 분홍색으로 둘러싸여 있습니다. '나다운 것'이 무엇인지 배우며 우리의 잠재의식 속 편견과 고정 관념을 깨뜨려 봅시다.

《최고 빵집 아저씨는 치마를 입어요》 길상효 글·이석구 그림 | 씨드북
다른 사람의 시선을 두려워하지 않는 빵집 아저씨는 치마를 입고 최고로 맛있는 빵을 만듭니다. 서로의 차이를 존중해야 하는 이유와 '다른 것은 틀린 것이 아니다'라는 단순한 진리를 자연스럽게 이해할 수 있습니다.

불편해도 느려도 해낼 수 있어요

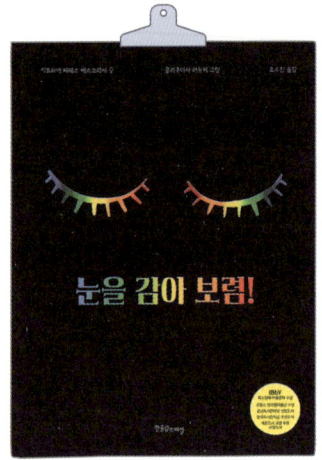

창의 사고력 ★★★★☆
비판 사고력 ★★★★★

《눈을 감아 보렴!》
빅토리아 페레스 에스크리바 글·클라우디아 라누치 그림

동생은 눈으로 세상을 보고 겪으며 자신의 경험을 형과 나누고 싶어 합니다. 동생은 형에게 나무와 뱀, 시계와 비누, 전구와 아버지에 대해 설명하지만 형은 동생의 설명을 듣고도 전혀 다르게 말합니다. 시각 장애가 있어 세상을 동생과 다르게 경험하기 때문입니다. 형이 느끼는 세상은 만지고, 듣고, 냄새를 맡는 감각을 통해 만들어집니다. 형이 세상을 이해하는 이러한 방식은 동생이 눈으로 세상을 보고 이해하는 방식과 매우 다릅니다. 형제는 서로의 차이를 자연스럽게 받아들일 수 있을까요? 또 타인의 시선을 존중하고 다양한 관점에서 세상을 바라볼 수 있을까요?

함께 생각해요

나와 다른 사람의 다름을 왜 이해하고 존중해야 할까요? 다름이란 극복해야 할 문제가 아닌, 서로의 삶을 더 풍요롭게 만들어 주는 중요한 요소이기 때문입니다. 우리는 각자가 보고 느끼는 경험의 차이를 통해 세상의 다양한 면을 받아들입니다. 이를 달리 말하면, 주변 사람과 공존하며 진정 행복해지는 비결이 바로 '서로의 다름을 이해하고 존중하는 것'이라는 뜻 아닐까요? 다양성을 받아들이기 위해 어떤 노력을 해야 할지 함께 생각해 봅시다.

장애를 가진 사람들은 교육을 받을 때, 취업을 할 때, 여러 사회 활동에 참여할 때 불공정한 대우를 받곤 합니다. 장애란 '몸의 기능에 어떤 어려움이 있어 일상생활에 불편함을 겪는 상태'를 말합니다. 장애의 증상은 사람마다 다르게 나타날 수 있으며 크게 신체적 장애와 정신적 장애로 나뉩니다.

　신체적 장애는 신체의 기능에 문제가 생긴 상태로, 움직이거나 행동하는 데 어려움을 겪는 경우가 많습니다. 예를 들어 다리에 장애가 있다면 걷거나 뛰기 힘들어집니다. 그래서 휠체어나 보행 보조기의 도움을 받곤 하지요. 팔을 다쳐 물건을 집기 어려운 경우도 신체적 장애에 해당합니다. 신체적 장애는 태어날 때부터 있기도 하지만 사고나 질병으로도 생기기 때문입니다.

　시각, 청각 등 감각 기관에 문제가 생겨 어떤 자극을 제대로 느끼지 못하는 상태도 신체적 장애입니다. 시각 장애가 있는 사람은 앞을 보지 못하거나 시야가 제한돼 점자나 음성 안내를 통해 정보를 얻습니다. 걸을 때는 안내견의 도움을 받아 안전하게 길을 건너기도 하지요. 청각 장애를 가진 사람은 소리를 잘 들을 수 없어 수화나 문자 통신으로 의사소통을 합니다.

　정신적 장애는 정신 장애 또는 발달 장애를 통칭하는 용어로, 감정이나 생각을 조절하기 어려운 상태를 말합니다. 이 때문에 일상생활에서 다른 사람들과 잘 어울리기 힘들어하거나 학습에 어려움을 겪습니다. 뇌신경 손상으로 인한 **기질성 정신 장애**와 **조현병**, **강박 장애**는 대표적인 정신 장애로, 이 장애를 가진 사람들은 특별한 관심과 지원이 필요할 수 있습니다.

　지능 지수가 70 이하인 지적 장애와 신경 발달 장애의 한 종류인 **자폐 장애**는 정신적 장애 중 발달 장애에 해당합니다. 이 경우 성장 과정에서 언어 능력과 운동 능력, 인지 발달이 더뎌 학습이나 사회 활동이 힘들어질 수 있습니다. 그래서 발달 장애를 가진 사람들에게는 사회생활을 돕는 특별한 교육 또는 훈련이 중요하지요.

우리가 기억해야 할 점은 장애를 가진 사람들도 그렇지 않은 사람들과 같은 꿈을 꾸고 동일한 목표를 향해 나아간다는 것, 원하는 바를 이루기 위해 똑같이 존중받을 권리가 있다는 사실입니다. 내면의 생각과 열정, 마음이 같다는 것을 이해하고, 겉으로 보이는 차이를 받아들이고 배려해야 한다는 뜻이지요.

'장애를 이해한다'라는 말은 '장애를 가진 사람들의 어려움을 이해하고 그들이 필요로 하는 도움을 제공한다'라는 문장으로 바꾸어 쓸 수 있습니다. 장애인이 비장애인과 동등한 기회를 누리도록 모두 나서서 도와야 한다는 의미지요. 이를테면 휠체어를 사용하는 사람들이 경사로와 대중교통을 더 편하게 이용하도록 지원 시설을 만드는 것, 능력을 발휘하고 싶어 하는 사람들에게 경험이 풍부한 멘토를 소개해 주는 것, 직업 기술과 사회 기술을 배울 기회를 제공하는 것이 이에 속합니다.

장애를 가진 사람들은 다양한 도구와 방법으로 자신의 능력을 최대한 발휘하려 노력하고 있습니다. 서로를 이해하고 돕는다면 더 행복하고 즐거운 세상을 만들 수 있을 것입니다.

사고력을 키우는 어휘

- **기질성 정신 장애** 영구적인 뇌 손상이나 일시적인 뇌 기능 이상으로 발생하는 장애
- **조현병** 뇌 기능에 이상이 생겨 현실을 정확하게 인식하고 판단하는 능력에 문제가 발생하는 정신 장애. 망상이나 환각, 현실과의 괴리감 등의 행동 증상을 보임
- **강박 장애** 원하지 않는 생각이나 이미지로 인해 발생하는 불안감을 해소하기 위해 반복 행동 또는 의식을 하는 정신 장애
- **자폐 장애** 주로 다른 사람과 소통하고 사회적으로 어울리는 데 어려움을 겪는 정신 장애. 행동이나 관심사, 활동의 범위가 한정되고 같은 행동을 반복하는 특징을 보임

내용을 확인해요

✳ 장애를 정의하는 가장 적절한 설명을 골라 보세요.

① 특정 신체 부위에 문제가 있는 상태
② 감각 기관에 문제가 있는 상태
③ 신체 또는 정신 기능에 어려움이 있어 일상생활에 불편함을 겪는 상태
④ 정신적으로 불편함을 느끼는 상태
⑤ 일시적으로 신체 기능이 떨어진 상태

✳ 발달 장애를 가진 사람에게 필요한 지원은 무엇일까요?

① 특별한 의료 서비스
② 휠체어 같은 보조 기구 제공
③ 경사로 같은 시설 제공
④ 특별한 교육이나 훈련
⑤ 점자와 음성 안내

✳ 장애를 가진 사람들을 위해 우리가 할 수 있는 중요한 일을 적어 보세요.

사고력을 높여요

✳ 그림책을 읽고 답해 보세요.

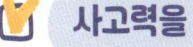 **책 속에서 생각하기**

· 형과 동생은 시계를 어떻게 설명했나요?
· 형과 동생이 같은 사물을 다르게 설명하는 이유는 무엇인가요?
· 눈을 감은 동생은 어떤 세상을 보았을까요?

둘 🔹 나와 내 주변으로 생각 넓히기

· 주변에서 장애를 가진 친구를 본 적이 있나요? 그 친구는 어떤 불편함을 겪고 있었나요?
· 같은 반에 장애를 가진 친구가 있다면, 그 친구에게 어떻게 행동하면 좋을까요?
· 장애를 가진 사람을 더 잘 이해하고 소통하기 위해 우리가 해야 할 일은 무엇일까요?

✱ 시각 장애인에게 다음 물건과 색을 표현할 때 어떻게 설명할지 구체적으로 적어 보세요.

- 컴퓨터 ⇒
- 피아노 ⇒
- 구름 ⇒
- 빨강 ⇒
- 노랑 ⇒

✱ 이야기하고 쓰면서 생각을 정리해 보세요.

하나 🔹 옆 사람과 생각 나누기

장애 학생이 비장애 학생과 함께 교육받는 것이
사회 통합을 이루는 데 효과적일까요?

효과적이다	효과적이지 않다
① 이해와 존중이 자연스럽게 이루어진다. 어린 시절부터 장애와 비장애의 차이를 경험하고 받아들여야 성인이 되어서도 차별 없이 함께 살아갈 수 있다. ② 차별 없는 학습 환경을 제공해야 한다. 분리해 교육하면 장애 학생에 대한 차별이 생길 수 있다.	① 적합한 교육을 제공하기 어려울 수 있다. 특수 학교의 맞춤형 교육이 장애 학생의 학습 성과를 높이는 데 더 효과적이기 때문이다. ② 서로 간에 갈등이 생길 수 있다. 장애 학생은 학습 속도가 빨라 힘들어할 수 있고, 비장애 학생은 장애 학생에게 필요한 지원과 시간을 학습의 방해 요소로 생각할 수 있다.

둘 ◈ 나의 생각 적기

더 읽어 봐요

《위를 봐요!》 정진호 지음 | 현암주니어
교통사고로 다리를 잃은 수지는 매일 베란다에 나가 지나가는 사람들을 내려다봅니다. '위를 봐요!'라는 수지의 마음속 외침을 듣기라도 한 듯, 아이 한 명이 위를 보면서 흑백이었던 수지의 세상이 조금씩 달라집니다. 두 아이의 이야기를 통해 더불어 사는 삶의 중요성을 느껴 봅시다.

《조금 다른 아이, 문》 아녜스 드 레스트라드 글·스테판 키엘 그림 | 이세진 옮김 | 라임
자폐 장애를 가진 '문'은 학교에서 친구들과 관계 맺기 어려워합니다. 그러던 어느 날 한 친구가 문을 이해해 주며 다가오고, 그러자 다른 친구들도 문에게 마음을 열기 시작합니다. 문과 친구들의 관계 변화를 통해 장애인을 대하는 편견 없는 시선을 배워 봅시다.

《피아노 소리가 보여요》 명수정 지음 | 글로연
청각 장애를 가진 사람들이 피아노 음악을 시각적으로 감상할 수 있는 그림책입니다. QR코드에 해당 음악의 연주가 녹음돼 있어 청각 장애가 없는 사람도 함께 즐길 수 있지요. 음악을 들으며 운율이 그림으로 어떻게 표현됐는지 느껴 봅시다.

나와 달라서
오히려 좋아요

창의 사고력 ★★★★☆
비판 사고력 ★★★★★

《인도에서 온 마무티 아저씨》 임서경 글·송수정 그림

인도에서 온 마무티 아저씨는 서울에서 택시 운전사로 일합니다. 한국말을 유창하게 잘하고, 서울 구석구석 모르는 길이 없는 운전사지만 택시를 탄 손님들은 아저씨를 보고 당황합니다. 택시 운전사가 외국인이기 때문이지요. 생김새가 다른 마무티 아저씨에게 편견을 가지고 대하는 사람들도 있지만 아저씨가 열심히 일하는 모습에 감동해 감사의 인사를 나누는 손님도 있습니다. 외국인인 마무티 아저씨가 언어와 문화가 다른 한국에서 살며 겪는 또 다른 고충은 없을까요? 아저씨는 과연 한국에서 행복할까요?

함께 생각해요

우리는 일상에서 어렵지 않게 외국인을 만날 수 있습니다. 우리나라에 거주하는 외국인이 증가하면서 다문화 학생의 수도 10년 전보다 3배 가까이 늘어나 20만 명 돌파를 앞두고 있지요. 하지만 어떤 학부모들은 '그 아이들과 우리 아이를 같은 학교에서 공부시킬 수 없다'라는 배타적인 생각으로 자신의 자녀를 전학 보내기도 합니다. 우리는 다양한 인종과 문화가 공존하는 다문화 사회에서 살고 있습니다. 그들과 소통하고 이해하기 위한 방법을 생각해 봐야 하지 않을까요?

문화란 '특정 사회에서 배우고 공유하는 의식주, 언어, 풍습, 종교, 예술 등의 생활 양식'을 말하고, 다문화란 '여러 문화가 한데 어우러진 상태'를 뜻합니다. 요즘 우리는 TV와 인터넷을 통해 미국, 유럽, 중동, 아프리카 등 많은 나라의 문화를 쉽게 접할 수 있습니다. 길거리에서도 세계 각지에서 온 사람들을 볼 수 있지요. 그들은 자신이 살던 나라에서 누리던 독특한 전통을 지니고 있는데, 이렇듯 여러 문화를 가진 사람이 함께 살아가는 사회를 '다문화 사회'라고 부릅니다.

다문화 사회의 외국인은 **언어 장벽**에 부딪혀 의사소통에 어려움을 겪을 때가 많습니다. 물건을 사고 질병 치료를 받는, 일상의 기본적인 사회 서비스를 누릴 때 불편을 겪기도 하지요. 문화적 **배경**이 달라 **가치관**이나 **행동 방식**에서 차이가 생기기도 하는데, 이로 인해 오해를 사거나 사회적인 갈등이 발생하는 경우도 있습니다. 그럼에도 우리는 각자의 문화를 존중하고 이해하려 노력해야 합니다. 여러 문화가 어우러지면 새로운 아이디어가 생겨나고, 그로 인해 사회가 더욱 발전할 수 있기 때문입니다.

각양각색의 문화가 **공존**하는 다문화 사회에서는 특별한 경험을 할 수 있습니다. 많은 나라의 음식을 맛보고 그들의 전통 음악과 춤을 배울 수 있어 일상이 더욱 풍요로워지지요. 상대방을 존중하는 법도 배울 수 있습니다. 다른 문화를 가진 많은 친구를 사귀고 어울리면서 그들의 문화를 자연스레 이해하기 때문입니다. 이러한 경험은 우리에게 더 넓은 시야로 세상을 바라보게 합니다.

물론 앞서 말했듯이 문제가 생기기도 합니다. 문화마다 어떤 말과 행동에 담긴 의미가 달라 감정이 상하거나 편견을 가지기도 하지요. 그렇다면 다문화 사회에서 조화롭게 살기 위해 우리는 무엇을 해야 할까요? 첫째, 서로의 문화를 배우고 이해하려는 자세가 필요합니다. 친구가 다른 나라에서 왔다면 그 나라의 언어나 전통에 대해 물어보고 배우는 것도 좋은 방법입니다. 둘째, 서로 다른 문화를 존중해야 합니다. 그들의 행동이나 말이 우리와 다를 뿐 틀린 게 아니라는 사실을 받아들여야 하지요. 이를 위해 지역 사회에서 열리는 다문화 행사를 통해 다른 문화를 경험하는 것도 좋은 방법입니다.

무엇보다 중요한 것은 열린 마음과 이해하려는 노력입니다. 서로 다른 문화를 존중할 때 비로소 더욱 평화롭고 행복한 사회를 만들 수 있다는 점을 기억하기 바랍니다.

사고력을 키우는 어휘
- **언어 장벽** 다른 언어를 사용하는 사람이나 집단이 경험하는 의사소통의 어려움
- **배경** 어떤 사람이 살아온 환경이나 문화, 역사
- **가치관** 개인이나 집단이 중요하게 여기는 신념과 원칙 또는 기준
- **행동 방식** 개인이나 집단이 특정 상황에서 보이는 행동 유형
- **공존** 서로 다른 것들이 함께 살아감

내용을 확인해요

* 다문화의 의미를 찾아 써 보세요.

_____

* 빈칸에 설명에 맞는 단어를 적어 보세요.

배경   행동 방식   공존   가치관

(   ) 서로 다른 것들이 함께 살아감
(   ) 개인이나 집단이 중요하게 여기는 신념과 원칙 또는 기준
(   ) 어떤 사람이 살아온 환경이나 문화, 역사
(   ) 다른 언어를 사용하는 사람이나 집단이 경험하는 의사소통의 어려움

* 다른 문화를 존중하는 태도가 아닌 것을 두 가지 고르세요.

① 다른 나라에서 온 친구의 언어를 물어보고 그 친구 나라의 언어로 인사한다.
② 우리나라의 전통을 알려 주며 우리나라에서는 우리 전통을 따라야 한다고 말한다.
③ 세계 문화 축제에 참여해 세계 음식을 맛본다.
④ 다른 나라의 전통에 대해 조사하고 이해한다.
⑤ 우리와 다른 문화는 틀렸다고 생각한다.

사고력을 높여요

* 다음 질문에 답해 보세요.

하나 책 속에서 생각하기
· 마무티 아저씨는 어떤 사람인가요?
· 인도에서 온 마무티 아저씨가 겪은 어려움은 무엇이었나요?
· 은강이의 친구들은 마무티 아저씨를 어떻게 대했나요?

둘 🌸 **나와 내 주변으로 생각 넓히기**

· 다른 나라의 옷과 음식, 주거 환경 등 문화를 경험한 적이 있나요?
· 학급에 외국인 친구가 전학 온다면 어떻게 행동해야 할까요?
· 다른 언어와 문화를 가진 사람들과 소통하고 이해하려면 어떤 노력이 필요할까요?

✱ 다문화를 상징하는 마크를 그리고 설명해 보세요.

다문화 상징 마크를 그려 보세요	어떤 의미가 담겨 있나요?

✱ 이야기하고 쓰면서 생각을 정리해 보세요.

하나 🌸 **옆 사람과 생각 나누기**

해외 이주민을 받아들이면 우리나라의 문화 다양성이 높아질까요?

문화 다양성이 높아진다	문화 다양성이 약해진다
① 새로운 경험을 더 많이 할 수 있다. 이주민과의 만남을 통해 다른 나라의 복식과 음식 문화 등을 경험하며 다른 나라에 대한 이해를 넓힐 수 있다. ② 우리 문화가 새로운 방향으로 발전한다. 여러 문화적 배경을 가진 이주민의 유입은 퓨전 음식 같은 새로운 아이디어를 제공해 우리 문화를 발전시킨다.	① 이주민 문화가 기존 문화에 동화될 수 있다. 이주민이 새로운 사회에 적응하면서 그들만의 독특한 문화와 전통이 사라지거나 약해질 수 있다. ② 오히려 사회 갈등이 생길 수 있다. 문화 차이로 우리나라 사람과 이주민 사이에 갈등이 생기면 서로를 이해하려 하지 않아 여러 문화가 공존하기 어려워질 수 있다.

둘 🌸 나의 생각 적기

📖 더 읽어 봐요

《찬다 삼촌》 윤재인 글·오승민 그림 | 느림보
아빠와 아이만 살던 솥을 만드는 공장 집에 네팔에서 온 노동자가 함께 살며 일하기 시작합니다. 아이는 새 식구의 '프리찬다'라는 이름도, 아저씨가 손으로 밥을 먹는 모습도 신기하고 재미있습니다. 찬다 삼촌과 그를 바라보는 아이의 시선을 통해 다문화와 이주 노동자에 대해 생각해 볼 수 있습니다.

《타오 씨 이야기》 장재은 지음 | 사계절
딸과 함께 사는 타오 씨는 베트남에서 온 이주 노동자입니다. 어둡고 위험한 자동차 부품의 공장에서는 다치지 않기 위해서 정신을 바짝 차려야 합니다. 고향을 그리워하며 한국에서 생활하는 타오 씨의 고된 하루를 따라가며 다문화 사회에서의 소통과 이해, 이주민과의 관계에 대해 생각해 볼 수 있습니다.

《초코곰과 젤리곰》 얀 케비 지음 | 박정연 옮김 | 한솔수북
과자 공장에서 서로를 보고 첫눈에 반한 초코곰과 젤리곰은 하는 일도, 피부색도 다르지만 같이 있으면 행복하고 즐겁습니다. 하지만 초코곰과 젤리곰이 함께 다니면 다른 곰들이 초코곰은 초코곰끼리, 젤리곰은 젤리곰끼리 다녀야 한다고 말합니다. 서로의 차이를 이해하고 존중할 때 얼마나 멋진 세상이 만들어지는지 배울 수 있습니다.

전쟁터로 간 아이, 일터로 간 아이

창의 사고력 ★★☆☆☆
비판 사고력 ★★★★☆

《거짓말 같은 이야기》 강경수 지음

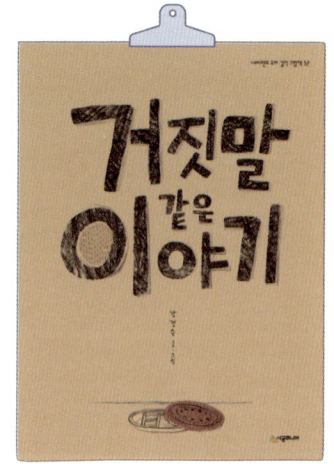

대한민국에 사는 솔이는 그림 그리기를 좋아해 화가가 되는 것이 꿈입니다. 키르기스스탄의 하산은 배고픈 동생을 위해 매일 지하 갱도에서 무거운 석탄을 실어 올립니다. 인도에 사는 파니어는 가족의 빚을 갚기 위해 하루에 14시간씩 카펫을 만듭니다. 우간다의 키잠부는 말라리아에 걸렸지만 제대로 된 의료 시설이 없어 치료받지 못합니다. 아홉 살 때 전쟁터로 끌려간 칼라미는 그 영향으로 심각한 마음의 병을 앓고 있습니다. 솔이는 다른 나라 아이들의 이야기를 거짓말이라고 생각하며 믿지 못합니다. 아이들이 들려주는 이야기는 진짜일까요, 거짓일까요?

함께 생각해요

이 믿기 힘든 이야기는 세계 곳곳에서 일어나고 있는 실화입니다. 아이들은 교육을 받기는커녕 가족의 생계를 위해 위험한 곳에서 일합니다. 전쟁으로 생활에 어려움을 겪고, 의료 시설이 부족해 제때 치료받지 못해 고통스러워합니다. 우리의 미래가 밝으려면 아이들이 행복하고 건강하게 자라야 합니다. 사회와 국가, 인류를 이끌어 갈 주인공이 아이들이기 때문입니다. 어떻게 해야 전 세계 아동이 권리와 자유를 보호받으며 행복하게 살아갈 수 있을지 함께 고민해 봅시다.

1989년 UN 총회는 세계 18세 미만 모든 아동의 인권을 보호하기 위해 'UN 아동 권리 **협약**'을 만들었습니다. 아동을 우리 사회를 이루는 한 사람으로서 존중하며, 아이들이 누려야 할 기본적인 권리와 자유를 보장하기 위해 만든 약속이지요.

　협약에는 아동이 보장받아야 할 4대 권리가 나타나 있습니다. 첫째는 안전한 곳에서 살고, 충분히 먹고, 아프면 치료받을 생존권, 둘째는 차별과 **방임**, 아동 **노동** 등 나쁜 것으로부터 보호받을 보호권입니다. 셋째는 교육을 받고 **여가**와 문화생활을 즐길 발달권, 마지막 넷째는 사생활을 보호받고, 원하는 종교를 가지고, 사회에 자신의 의견을 표현할 참여권입니다. 많은 나라가 UN 아동 권리 협약에 가입해 관련 법을 만들고 어길 시에는 책임을 묻고 있습니다.

　UN 아동 권리 협약이 생긴 이후 아이들은 권리와 자유를 보호받으며 행복해졌을까요? 국제노동기구는 2020년 전 세계 아동 노동의 피해자를 1억 6,000만 명으로 예상했습니다. 여전히 수많은 5~17세 어린이가 건강과 발달에 위험한 일을 하거나 오랜 시간 노동하며 교육을 받지 못하고 있다는 뜻입니다. 이 아이들은 대부분 가족의 생계를 책임지기 위해 일을 합니다. 지금도 아프리카, 중남미, 아시아 **개발도상국**의 많은 아동이 돈을 벌기 위해 일터로 나가고 있지요.

　세계 곳곳에서 일어나는 전쟁도 아이들의 행복을 앗아 가는 큰 원인입니다. 전쟁 지역의 아이는 부모와 형제가 죽어 전쟁고아가 됩니다. 더러운 물을 걸러 공급하는 상하수도 시설이 부서져 깨끗한 물을 마실 수 없고, 살던 집이 없어져 안전하게 지내지 못합니다. 전쟁으로 식량이 부족해져 굶주리기까지 하지요. 학교가 없어져 교육받지 못하고, 병원이 부서져 제대로 된 치료를 받지 못합니다. 이처럼 전쟁과 아동 노동으로 인해 아동으로서, 인간으로서 누려야 할 기본 권리를 보호받지 못하고 고통받는 어린이가 여전히 많습니다.

아이들의 권리와 자유를 보호하려면 어떻게 해야 할까요? 전 세계가 나서서 전쟁을 멈추고 평화를 유지하기 위해 노력해야 합니다. 동시에 전쟁 지역에 아동 보호 시설을 만들고, 아동 노동을 막기 위해 생계를 유지할 수 있도록 생활비를 지원하는 등 도움을 주어야 하지요.

우리나라에서는 **일제 강점기** 때 방정환 선생님이 어린이날을 만들어 아동의 권리 보장을 위해 다양한 활동을 했습니다. 1991년에는 우리나라도 UN 아동 권리 협약에 가입해 법을 만들었고, 현재까지 아동 인권에 대한 사회의 관심이 지속적으로 높아져 관련 활동이 활발히 이루어지고 있습니다. 최근에는 청소년들이 **학생인권조례**에 관심을 두고 자신들의 권리를 위해 직접 목소리를 냈고, 시민 사회에서는 의무적으로 학대 또는 방치된 아이들이 없는지 살피고 신고해 피해 아동이 시설과 제도의 보호를 받도록 노력하고 있습니다.

우리 사회를 넘어 전 세계의 소중한 아이들이 존엄한 인간으로서 권리와 자유를 누릴 수 있도록 모두의 노력이 필요합니다. 이를 위해 전 세계의 관심이 필요한 때입니다.

사고력을 키우는 어휘
- **협약** 어떤 목적을 이루기 위해 여럿이 의논한 합의에 따라 법적 구속을 가지는 약속
- **방임** 돌보거나 간섭하지 않고 내버려 둠
- **노동** 몸을 움직여 일함
- **여가** 생활시간 외의 자유로운 시간
- **개발 도상국** 다른 나라에 비해 평균 생활 수준이 낮거나 경제 개발이 뒤떨어진 나라
- **일제 강점기** 일제(일본)에게 강제로 점령당한 1910~1945년의 시기
- **학생인권조례** 학교에서 학생의 권리가 존중받고 보호받을 수 있도록 교육청에서 만든 조례

내용을 확인해요

* UN 아동 권리 협약이 무엇인지 찾아 써 보세요.

　

* 설명을 읽고 맞는 것에는 O로, 틀린 것에는 X로 표기하세요.
  - 아동 인권 보호를 위해 UN 아동 권리 협약을 만들었다. (　)
  - 2020년 아동 노동의 피해자는 5,000만 명이다. (　)
  - 가족의 생활비를 벌기 위해 노동하는 아이들이 있다. (　)
  - 전 세계 모든 어린이는 권리와 자유를 잘 보호받고 있다. (　)

* UN 아동 권리 협약에 나오는 4대 권리를 알맞은 빈칸에 적어 보세요.

| 생존권   보호권   발달권   참여권 |

(　　　) 사생활을 보호받고, 원하는 종교를 선택하고, 자신의 의견을 말할 권리
(　　　) 안전한 주거, 충분한 영양 섭취, 기본적인 보건 서비스를 보장받을 권리
(　　　) 차별, 고문, 방임, 아동 노동 등 나쁜 것으로부터 보호받을 권리
(　　　) 여가를 즐길 권리, 교육받을 권리, 문화생활을 할 수 있는 권리

사고력을 높여요

* 그림책을 읽고 답해 보세요.

하나 ❀ 책 속에서 생각하기
- 솔이는 왜 다른 친구들의 이야기를 거짓말이라고 생각했을까요?
- 다른 친구들의 이야기를 들었을 때 솔이는 어떤 마음이 들었을까요?
- 다른 친구들이 솔이의 이야기를 듣는다면 어떤 생각을 할까요?

둘 ◈ 나와 내 주변으로 생각 넓히기

· 권리와 자유를 누리지 못하는 아이들에게 나는 어떤 도움을 줄 수 있을까요?
· 기본 권리와 자유를 누리지 못하는 아이들을 위해 국가는 무슨 일을 해야 할까요?
· 아동 인권을 보장하기 위해 전 세계 사람이 관심을 가져야 하는 이유는 무엇일까요?

✱ 그림책의 등장인물 중 한 명이 되었다고 상상하며 질문에 대답해 보세요.

되고 싶은 등장인물과 선택한 이유

✦ 하루를 어떻게 보내나요?

✦ 가장 도움이 필요한 부분이 무엇인가요?

✦ 다른 나라 아이들에게 하고 싶은 말은 무엇인가요?

✱ 이야기하고 쓰면서 생각을 정리해 보세요.

하나 ◈ 옆 사람과 생각 나누기

아동의 출입을 제한하는 '노 키즈 존(no kids zone)' 매장에 대해 어떻게 생각하나요?

노 키즈 존에 반대한다

① **아동의 발달권을 침해한다.**
아이들도 어른들처럼 원하는 장소에 가서 여가와 문화생활을 즐길 권리가 있다.

② **아동에 대한 부정적인 이미지가 생긴다.**
아동이 시끄럽고 통제되지 않는다며 다른 사람들과 구분하고 차별하는 것이기 때문에 아동에 대한 편견이 생길 수 있다.

노 키즈 존에 찬성한다

① **매장 운영자의 권리다.**
식당이나 카페 운영자에게는 매장을 운영하기 위해 이용 규칙을 정할 권리가 있다.

② **다른 고객의 권리를 존중하기 위한 조치다.**
매장을 방문한 다른 사람들이 시끄럽거나 뛰어다니는 아동으로 인해 매장에서 원하는 서비스를 제대로 받지 못할 수 있다.

둘 🌸 나의 생각 적기

더 읽어 봐요

《나는 놀고 창조하고 상상할 권리가 있어요!》 알랭 세레 글·오렐리아 프롱티 그림 | 이경혜 옮김 | 고래이야기
아동이 누려야 할 권리를 아이들의 시선에서 이야기합니다. 아이들에게 미래가 아닌 지금 당장을 행복하게 살 권리가 있다는 사실을 배울 수 있지요. 아이를 더 아이답게 만드는 아동 권리에 대해 함께 알아볼까요?

《어린이의 권리를 선언합니다!》 반나 체르체나 글·글로리아 프란첼라 그림 | 김은정 옮김 | 봄볕
모든 어린이가 행복한 세상을 꿈꾸는 약속, UN 아동 권리 협약의 내용을 아름다운 시 구절과 어린이의 목소리, 이미지를 한 장면에 담아 안내합니다. 아동 인권 협약의 전문과 40여 개 조항을 그림으로 만나 봅시다.

《존엄을 외쳐요》 김은하 글·윤예지 그림 | 사계절
세상 모든 사람이 누려야 할 권리를 명시한 세계 인권 선언을 아이도, 어른도 쉽게 이해할 수 있도록 설명합니다. 우리 각자는 모두 소중하고 존엄한 존재입니다. 존엄은 무엇이고, 모두의 존엄을 존중하기 위해 우리가 해야 할 일은 무엇일까요?

굶주림과 싸우는 사람들이 있어요

창의 사고력 ★★★☆
비판 사고력 ★★★★☆

《빛날 수 있을까》 이지은 글·박은미 그림

'황금빛 도시'로 불리는 인도의 한 도시에서 차를 만들어 파는 빅키와 식당에서 일하는 티티는 고작 여덟 살입니다. 고향에서 목숨이 위험할 정도로 힘든 일을 시키는 고기잡이배 사장을 피해 이 화려한 도시로 도망쳐 왔지요. 하지만 도시의 빛나는 모습과 달리 두 아이의 현실은 여전히 어둡기만 합니다. 나쁜 식당 사장이 티티에게 매질을 했기 때문입니다. 티티는 이 지옥 같은 곳을 벗어나겠다며 탈출을 감행하고, 둘은 세상에서 가장 멋진 구두닦이와 제일 맛있는 차를 만드는 장인이 되어 만나기로 합니다. 반짝거리는 것들에 둘러싸여 있으면서도 짙은 어둠에 갇힌 티티와 빅키는 과연 빛날 수 있을까요?

함께 생각해요

아이들은 어른들의 안전한 보호 아래 꿈과 희망을 품고 건강히 자라야 합니다. 하지만 지구촌 곳곳에는 보호받지 못하는 수많은 어린이가 있습니다. 빅키와 티티처럼 생계를 위해 일터로 내몰리거나 위험한 상황에 놓여 있지요. 지구 한편에서 나와 비슷한 또래 아이들이 빈곤과 기아로 고통받고 있다면, 이 문제를 해결하기 위해 나는 어떤 마음으로 무슨 노력을 할 수 있을까요?

빈곤이란 '가난해 살기 어려운 상태' 또는 '살아가는 데 꼭 필요한 것이 없거나 부족한 상태'를 말합니다. 그리고 기아란 '먹을 것이 없어 굶주리는 것'을 의미하지요. **세계은행**은 하루에 1.9**달러**(한화 약 2,600원) 이하로 생활하는 사람들을 **빈곤층**으로 규정하고 있습니다. 세상에는 빈곤과 기아에 처한 사람이 얼마나 될까요?

　개발 도상국의 10명 중 한 명은 하루에 1.9달러도 안 되는 생활비로 살아가고 있습니다. 특히 지난 수년간 전 세계를 강타한 코로나19는 빈곤 지역의 상황을 더욱 악화시켰습니다. 최근 UN의 조사에 따르면 2022년 전 세계 기아 인구는 약 7억 3,500만 명이라고 합니다. 코로나19의 확산, 가뭄과 홍수 등 기후 위기, 러시아-우크라이나 전쟁 같은 **분쟁**으로 2019년 6억 1,300만 명에서 3년 만에 1억 2,200만 명이 늘어난 것이지요.

　분쟁 지역이 많아지고 자연재해가 지속되면서 기아 인구도 늘어가고 있습니다. 이러한 상황에서 가장 고통받는 이들은 바로 어린이입니다. 어른보다 면역력이 약한 아이들은 성장을 위해 많은 영양분을 섭취해야 합니다. 하지만 빈곤과 기아에 처하면 제때 음식을 먹지 못해 각종 질병이나 영양실조 등에 시달립니다. 이런 상태로 가족의 생계를 위해 일하며 학교 교육도 받지 못하지요.

　세계에서 기아와 빈곤이 가장 심각한 지역은 아프리카 대륙입니다. 수년에 걸친 가뭄과 흉작, 정치적 분쟁 등으로 식량 위기를 맞이했기 때문이지요. 어린이 다섯 명 중 한 명이 다섯 살이 되기 전에 죽고, 살아남은 아이들도 먹지 못해 성장이 더디고 여러 질병으로 고통받습니다. 현재 지구촌 사람들은 모금을 하거나 물건, 식량 등을 지원하는 **구호** 활동으로 빈곤과 기아에 처한 이들을 돕고 있습니다. 식량 생산을 위해 가뭄에 강한 농작물을 공급하고, 지역 특성에 맞는 산업이 활성화되도록 지원하고 있지요. 또 교육 환경을 개선해 가난 때문에 교육받지 못한 학생들이 수업을 들을 수 있도록 힘쓰고 있습니다.

지구촌 사람들은 왜 다른 나라의 빈곤과 기아 문제 해결을 위해 노력하고 있을까요? 빈곤과 기아가 그 지역만의 문제가 아니기 때문입니다. 전 세계는 지구에서 연결돼 함께 살아가는 공동체입니다. 모두가 관심을 가지고 기아와 빈곤을 해결하기 위해 노력해야 한다는 뜻이지요. 우리도 동참해 지구촌의 다양한 문화와 역사를 배우고, 전 세계에 빈곤과 기아로 고통받는 사람들이 있다는 사실을 주변에 알려야 합니다. 국제 구호 단체나 기구에 가입해 적극적으로 활동해도 좋고, 용돈이나 모금 활동으로 모은 돈을 기부할 수도 있습니다. 어린이를 노동자로 사용하지 않는 **공정 무역** 제품에 관심을 갖고 구입하는 것도 좋은 방법입니다.

무엇보다 중요한 것은 빈곤과 기아 문제에 지속적으로 관심을 가지는 태도와 함께 해결하고자 하는 마음입니다. 지금 내가 도울 수 있는 작은 일부터 실천해 보면 어떨까요?

사고력을 키우는 어휘
- **세계은행** 전 세계의 빈곤을 없애고 개발 도상국의 경제 발전을 위해 설립된 은행
- **달러** 미국의 화폐 단위로, 기호는 $
- **빈곤층** 가난해 살기 어려운 계층 또는 그런 계층의 사람들
- **분쟁** 정치나 종교 따위의 문제로 인해 다른 민족이나 나라와 시끄럽고 복잡하게 다툼
- **구호** 재해나 재난 따위로 어려움에 처한 사람을 도와 보호함
- **공정 무역** 생산자의 노동에 정당한 대가를 지불하면서 소비자에게는 품질 좋은 제품을 공급하는 무역

내용을 확인해요

✱ 빈칸에 들어갈 단어를 찾아 써 보세요.

_____ 이란 '가난해 살기가 어려운 상태' 또는 '살아가는 데 꼭 필요한 것이 없거나 부족한 상태'를 말합니다. 그리고 _____ 란 '먹을 것이 없어 굶주리는 것'을 의미합니다.

✱ 빈곤과 기아에 관한 설명 중 잘못된 것은 무엇일까요?

① 하루에 1.9달러 이하로 생활하는 사람들을 빈곤층이라고 한다.
② 개발 도상국의 10명 중 한 명은 빈곤층이다.
③ 코로나19로 빈곤과 기아가 더욱 심해졌다.
④ 최근 3년 사이에 빈곤 인구는 줄어들었다.
⑤ 빈곤과 기아로 인해 가장 고통을 받는 것은 어린이다.

✱ 빈곤과 기아 문제 해결을 위해 우리가 할 수 있는 일을 적어 보세요.

사고력을 높여요

✱ 그림책을 읽고 답해 보세요.

하나 🌸 **책 속에서 생각하기**

· 빅키와 티티가 고향에 돌아갈 수 없는 이유는 무엇일까요?
· 빅키와 티티가 일을 해야 하는 이유는 무엇일까요?
· 빅키의 "빛날 수 있을까?"라는 말의 의미는 무엇일까요?

둘 🌸 나와 내 주변으로 생각 넓히기

· 빈곤과 기아로 고통받는 사람들을 도와야 하는 이유는 무엇일까요?
· 빈곤과 기아 문제를 해결하기 위해 구호 단체와 기업들은 어떤 노력을 하고 있을까요?
· 빈곤과 기아로 고통받는 사람들을 위해 내가 할 수 있는 일은 무엇일까요?

✱ 책의 등장인물 중 한 명을 골라 그리고, 하고 싶은 말을 편지로 써 보세요.

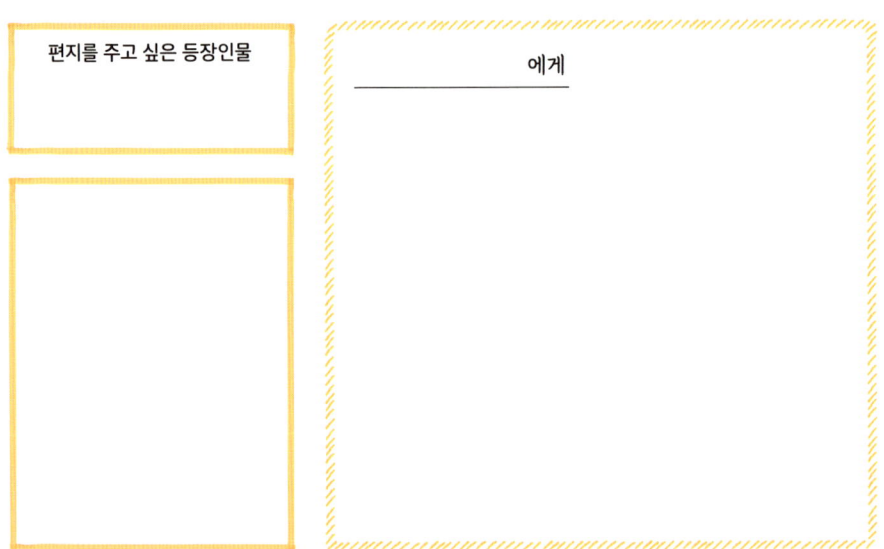

| 편지를 주고 싶은 등장인물 | _____에게 |

✱ 이야기하고 쓰면서 생각을 정리해 보세요.

하나 🌸 옆 사람과 생각 나누기

다른 나라의 빈곤과 기아 문제를 해결하기 위해 우리가 도와야 할까요?

도와야 한다

① **우리의 작은 도움이 그들에게 큰 힘이 된다.**
간단한 의료품이나 깨끗한 물, 식량 중 하나만 지원해도 그들이 살아가는 데 큰 도움이 된다.

② **더불어 사는 더 좋은 세상을 만들어야 한다.**
세계의 빈곤과 기아 인구가 줄어들면 세상은 더 평화롭고 행복해질 수 있다.

돕지 않아도 된다

① **주변의 이웃을 먼저 도와야 한다.**
먼 나라가 아닌 우리 사회에도 빈곤으로 도움이 필요한 사람이 많다.

② **스스로 해결할 수 있어야 한다.**
계속 다른 사람의 도움에 의존하다 보면 스스로 문제를 해결할 힘을 가지지 못한다.

둘 🌸 나의 생각 적기

더 읽어 봐요

《돌아가지 않고》 스테파니 드마스 포티에 글·톰 오고마 그림 | 이정주 옮김 | 씨드북
아이는 매일 학교 가는 길에 아기를 안고 길에 앉아 있는 아줌마를 봅니다. 도와줄 용기가 없어 외면하려 하지만 불편하고 슬픈 마음이 아이를 사로잡습니다. 엄마는 아이에게 '작은 행동이어도 아무것도 하지 않는 것보다 낫다'라고 말하며 도닥여줍니다. 과연 아이가 찾아낸 방법은 무엇일까요?

《내가 라면을 먹을 때》 하세가와 요시후미 지음 | 장지현 옮김 | 고래이야기
라면을 먹는 아이의 일상은 평화로워 보입니다. 그런데 같은 시각 이웃 마을과 이웃 나라의 어린이들은 생계를 위해 일하거나 전쟁과 굶주림으로 쓰러집니다. 다양한 지구촌 아이들의 모습을 보며 진정한 평화의 의미를 생각해 봅시다.

《지구가 100명의 마을이라면》 데이비드 J. 스미스 글·셸라 암스트롱 그림 | 노경실 옮김 | 푸른숲주니어
68억 명이 넘는 인구가 사는 지구를 100명이 사는 마을로 바꾸어 지구촌 사람들의 다양한 모습과 환경, 식량, 빈부 차이 등을 숫자로 알기 쉽게 보여 줍니다. 지구 마을에 사는 어린이들은 지구 마을을 살기 좋은 곳으로 만들기 위해 어떤 역할을 맡을 수 있을까요?

3장 다른 사람, 다른 나라의 환경을 이해해요

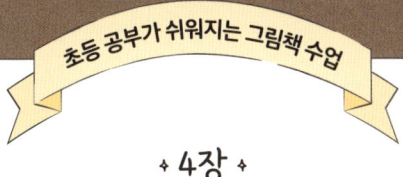

◆ 4장 ◆

갈등 없는 세상,
더불어 사는 삶을
이야기해요

싸우면 모두가 불행해져요!

창의 사고력 ★★★★☆
비판 사고력 ★★★★☆

《왜?》 니콜라이 포포프 지음

작은 꽃 한 송이를 서로 차지하기 위해 싸우는 개구리와 생쥐의 이야기를 통해 전쟁이라는 큰 문제를 보여 줍니다. 쥐와 개구리는 아주 사소한 문제로 싸우게 됩니다. 쥐가 개구리의 꽃을 빼앗으려 하자 개구리도 반격하면서 다툼이 시작되지요. 그런데 이 사소한 갈등이 온 마을과 마을, 국가와 국가의 싸움으로 번집니다. 총과 탱크까지 등장하면서 점점 규모가 커진 이 다툼의 끝은 어떻게 될까요? 글 없이 오직 그림만 있는 책장을 넘기다 보면 전쟁의 어리석음과 무모함이 어떤 결과를 초래하는지 자연스럽게 이해할 수 있습니다.

함께 생각해요

사소한 말다툼이나 오해가 큰 싸움으로 번져 서로에게 상처를 입히는 경우가 있습니다. 싸움은 왜 일어날까요? 상대방의 입장을 이해하고 양보하려 하지 않기 때문입니다. 교실에서도 종종 아이들이 자신의 의견만 주장하며 친구를 노골적으로 적대하거나 탓하는 일이 일어납니다. "서로 다른 것일 뿐 틀린 것이 아니야"라고 아무리 말해도 소용이 없지요. 왜 역할을 바꾸어 서로의 입장을 이해해야 하는지, 왜 타인을 진심으로 이해하려는 마음을 가져야 하는지 알아봅시다.

전쟁은 인류가 일으킬 수 있는 가장 파괴적이고 고통스러운 사건입니다. 전쟁이라는 **참상**이 일어나는 이유는 다양하고 복잡한데, 그중 국가 간 권력 충돌이나 정치적 **이해관계**의 차이가 주요 원인으로 꼽힙니다. 국가들은 자국의 이익을 보호하거나 확대하기 위해 군사적 충돌을 선택하곤 합니다. **자원**이나 시장, 무역로 확보 등을 둘러싼 경제적 문제, 대립하는 국가 **이념**, 종교적 또는 민족적 차이로 갈등이 심화될 수 있지요.

　전쟁은 국가와 국가 사이에서만 일어나는 분쟁이 아닙니다. 한 국가 안에서도 서로 다른 사상이나 집단 간의 **적대감**이 전쟁으로 번질 수 있습니다. 국가 지도자에게 지도력이 **부재**해 정치 상황이 불안정해지면 외부의 공격을 받기 쉽고, 내부 갈등도 심해지기 때문입니다.

　어떤 원인으로든 전쟁이 일어나면 양쪽 모두 막대한 피해를 입습니다. 그 이유로는 첫째, 전쟁이 대규모 인명 피해를 **초래**하기 때문입니다. 군인뿐만 아니라 민간인도 다치고 사망하며 가족과 공동체가 파괴됩니다. 둘째, 주거지와 산업 시설 등 사람이 살아가기 위해 필요한 많은 기반 시설이 무너지기 때문입니다. 셋째, 전후 여러 시설과 시스템을 복구할 때 막대한 비용이 드는데, 이는 사회를 **재건**하고 경제를 회복하는 데 큰 부담이 되기 때문입니다.

　전쟁 피해는 당사자들의 문제에서 그치지 않습니다. 전쟁 지역에 살던 사람들이 위험한 고향을 떠나 세계로 흩어지기 때문입니다. 이 **난민**들은 새로운 거주지에서 인권 문제와 경제적 어려움에 직면합니다. 최근에는 난민을 수용하는 국가가 줄어 한곳에 정착하지 못하는 난민이 늘어났고, 이는 국제 사회의 문제가 되었습니다.

　또한 전쟁은 인류 전체에 깊은 상처를 남깁니다. 교육을 받지 못한 아이들은 세상에 대한 이해와 직업에 대한 준비가 부족해 꿈을 펼칠 기회를 놓치고 불리한 위치에 놓입니다. 이는 개인의 발전뿐만 아니라 국가의 경제 성장에도 부정적인 영향을 미치게 되지요.

 전쟁은 지금도 세계 곳곳에서 계속되고 있습니다. 전쟁 피해를 줄이려면 전쟁의 영향을 최소화하고, 시민들이 안전하고 안정된 환경에서 성장하도록 지원해야 합니다. 이를 위해 국가들이 세계 평화 **협정**을 맺거나 상호 이해를 위해 많은 대화를 해야 하지요. 하지만 근본적인 해결책은 바로 전쟁을 시작하지 않는 것입니다. 애초에 전쟁이 일어나지 않으면 그로 인한 피해도 없을 테니 말이지요. 이를 위해 국가는 국민들이 어려서부터 전쟁의 어리석음을 깨닫고 평화를 지키기 위해 노력하도록 체계적인 교육 과정을 마련해야 합니다.

 전쟁 없는 세상을 위해 개개인이 실천할 수 있는 일도 있습니다. 갈등은 남의 입장을 생각하지 않거나 양보하지 않으려는 마음에서 시작됩니다. 우리가 평화를 갈망하고, 인간의 생명을 존중하는 마음을 키우면 세상이 조금 더 행복해질 수 있다는 의미지요. 평화란 인류가 개발해야 할 가장 강력한 무기입니다. 다른 사람과 어울려 살아가는 방법을 고민하고 실천해 봅시다.

사고력을 키우는 어휘

- **참상** 사물의 비참하고 끔찍한 상태나 양상
- **이해관계** 서로의 이익이나 손해에 영향을 미치는 관계
- **자원** 사람의 생활과 생산에 필요한 물질, 재료, 노동력, 기술 등
- **이념** 한 시대나 사회 또는 계급에 독특하게 나타나는 관념, 믿음, 주의 따위를 통틀어 이르는 말
- **적대감** 적으로 여겨 맞서는 마음
- **부재** 있지 않음
- **초래** 어떤 결과를 가져오거나 이끌어 냄
- **재건** 이미 없어졌거나 허물어진 건물이나 조직 따위를 다시 일으켜 세움
- **난민** 전쟁이나 재난 따위를 당해 곤경에 빠진 사람
- **협정** 다른 나라의 정부와 맺는 약속

내용을 확인해요

* 전쟁의 원인과 피해를 두 가지씩 찾아 쓰세요.

전쟁의 원인	전쟁의 피해

* 전쟁을 막기 위해 우리에게 필요한 것은 무엇일까요?

① 전쟁을 이기기 위한 전략
② 어떤 전쟁에서도 이길 수 있는 막강한 무기
③ 전쟁의 어리석음을 이해하고 평화를 지키려는 마음
④ 전쟁에 대한 무관심
⑤ 전쟁의 좋은 점 알기

사고력을 높여요

* 그림책을 읽고 답해 보세요.

하나 ❀ 책 속에서 생각하기
· 생쥐와 개구리는 왜 싸우게 되었나요?
· 우산을 빼앗긴 생쥐는 어떤 방법으로 개구리에게 다가갔나요?
· 싸움에 지친 생쥐와 개구리는 결국 어떻게 되었나요?

둘 ❀ 나와 내 주변으로 생각 넓히기
· 다른 사람의 물건이 갖고 싶어진다면 어떻게 행동해야 할까요?
· 의견이 서로 다를 경우 문제를 해결하는 가장 현명한 방법은 무엇일까요?
· 지금 세계에서는 수많은 인종, 국가, 민족 간 갈등이 벌어지고 있습니다. 이런 상황에서 우리는 전쟁을 어떤 관점으로 바라봐야 할까요?

❋ 앞서 소개한 《왜?》는 글 없는 그림책입니다. 글 작가가 되었다고 상상하며 책 표지에서 추론할 수 있는 것들을 찾아보세요.

①

②

③

❋ 이야기하고 쓰면서 생각을 정리해 보세요.

하나 ❋ 옆 사람과 생각 나누기

평화를 지키기 위한 전쟁은 정당할까요?

정당하다

① 침략을 받았다면 정당방위다.
일제가 침략했을 때도 맞서 싸우지 않았다면 전쟁이 길어져 더 큰 피해가 발생했을 것이다.

② 평화를 지키기 위해 필요할 때도 있다.
다른 나라 간의 침략을 막는 것 또한 우리 일상과 세계의 평화를 지키는 일이기 때문이다.

정당하지 않다

① 많은 사람에게 상처와 아픔을 남긴다.
누군가에게 아픔과 상처를 준다면 그것은 평화라고 할 수 없기 때문이다.

② 평화를 위한다는 이유가 악용될 수 있다.
평화를 명분으로 다른 욕구를 채우기 위해 전쟁을 일으키는 경우가 많기 때문이다.

둘 🌸 나의 생각 적기

🔖 **더 읽어 봐요**

《비무장 지대에 봄이 오면》 이억배 지음 | 사계절
평화를 주제로 한국과 중국, 일본의 작가와 출판사가 공동으로 기획한 그림책으로, 분단된 나라의 슬픔과 비무장 지대의 모습을 보여 줍니다. 계절별 동식물과 군인들, 고향을 그리워하는 할아버지의 모습을 통해 전쟁의 슬픔과 고향에 대한 그리움을 느낄 수 있습니다. 한국 전쟁과 남북 통일에 대해 이야기해 봅시다.

《막두》 정희선 지음 | 이야기꽃
부산 자갈치 시장에서 생선을 파는 막두 할매를 아시나요? 피난길에 부모님과 헤어진 어린 막두는 세월이 흘러 노인이 됩니다. 60년 동안 같은 자리를 뚝심 있게 지킨 자갈치 시장의 왕언니 막두 할매는 전쟁 후 움직이지 않던 영도 다리가 올라가는 걸 보면서 어떤 소원을 빌었을까요?

《적》 다비드 칼리 글·세르주 블로크 그림 | 문학동네
전쟁을 일으킨 사람들은 명령하고 지시할 뿐 전쟁터에 등장하지 않습니다. 애꿎은 병사들만 적을 무찌르며 싸우다 우수수 희생되지요. 우리는 자신들의 이익을 위해 전쟁을 시작한 사람들의 거짓 이야기에 속지 않고 있는 그대로의 상황을 바라봐야 합니다. 전쟁의 원인을 찾기보다 전쟁을 멈추는 방법이 무엇일지 고민해 봅시다.

힘을 합쳐
독도를 지켜요

창의 사고력 ★★★★☆
비판 사고력 ★★★★★

《독도 바닷속으로 와 볼래?》 명정구, 안미란 글·이승원 그림

독도의 바닷속에는 누가 살까요? 독도 바다는 다채로운 물고기와 해양 생물이 사는 특별한 곳입니다. 주인공 혹돔을 따라서 바닷속을 들여다보면 독도 주변의 아름다운 해양 생물의 모습과 생활을 볼 수 있습니다. 독도 바다에는 다양한 물고기와 해양 생물이 살고 있습니다. 다채로운 색깔의 비늘을 가진 물고기, 우산을 닮은 신기한 모양의 해파리, 나무처럼 생긴 독특한 빛깔의 산호, 물결에 흔들리는 미역 등의 해초같이 여러 해양 생물을 만날 수 있지요. 혹돔과 함께 바닷속을 신나게 탐험하다 보면 독도에 대한 재미있는 지식들을 배울 수 있고, 자연스럽게 독도의 자연과 생물을 사랑하는 마음이 자랄 것입니다.

함께 생각해요

독도는 어떤 곳일까요? 우리는 왜 독도와 독도의 바다, 그곳에 사는 생물들을 보호해야 할까요? 독도는 역사적·지리적으로 중요한 의미가 있는 소중한 우리 땅입니다. 섬 전체가 천연기념물로 지정될 만큼 자연환경이 뛰어나 함께 노력해 보존해야 하는 곳이기도 하지요. 독도와 독도 바닷속 생물을 지키기 위해 우리가 할 수 있는 일이 무엇일지 생각해 봅시다.

우리나라에서 해가 가장 먼저 뜨는 독도는 우리나라의 가장 동쪽에 자리한 섬입니다. 울릉도에서 약 87.4km 떨어진 독도는 두 개의 큰 섬과 89개의 작은 바위섬으로 이루어져 있으며, 두 섬 중 서쪽 섬은 서도, 동쪽 섬은 동도라고 부릅니다. 서도에는 독도 주민들이 살고 동도에는 독도를 지키는 독도경비대 건물과 등대가 세워져 있습니다. 서도와 동도 주변의 바위섬은 우산봉, 얼굴바위, 삼형제굴바위, 닭바위, 촛대바위 등 재미있는 이름으로 불리지요.

　독도는 작지만 소중한 우리 땅입니다. 우리나라에서 가장 오래된 화산섬이기도 한 독도는 천연기념물 336호로 지정돼 국가의 보호를 받고 있습니다. 독특한 **지형**과 아름다운 경관, **생태계**의 보물 창고라 할 만큼 잘 보존된 자연환경, 그곳에 서식하는 다양한 동식물 때문이지요. 독도 바다의 해양 생물을 지키려는 목적도 있습니다. 차가운 바닷물과 따뜻한 바닷물이 만나는 독도 바다에는 **플랑크톤**이 풍부해 다양한 해양 생물이 몰려들기 때문입니다. 이 외에도 독도는 우리나라 **영토**의 동쪽 끝에 자리하기 때문에 군사적으로 가치가 높고, 바다를 오가는 배의 **항로**를 결정하는 데 영향을 미치는 중요한 지역입니다. 미래의 새로운 에너지원으로 주목받는 하이드레이트 가스가 묻혀 있어 경제적으로도 귀중한 곳이지요.

　그런데 이런 독도를 둘러싸고 우리나라와 일본 사이에 오랜 분쟁이 지속되고 있습니다. 1905년 일본은 독도를 '다케시마'로 이름 짓고 일본 땅이라며 주장했고, 지금까지 이 입장은 변하지 않았습니다. 독도를 차지하면 영토가 확장되고 항로도 넓어지며, 독도 주변의 수많은 생물과 천연자원을 모두 가질 수 있기 때문입니다.

　독도는 대한민국 땅입니다. 명백한 근거도 있지요. 우선 첫째, 독도는 지리적으로 일본보다 우리나라의 울릉도와 훨씬 더 가깝습니다. 둘째, 독도가 우리 땅이라는 옛 지도와 역사적인 기록이 남아 있습니다. 《삼국사기》에 기록된 '신라의 영토인 우산국'은 울릉도와 독도를 가리킵니다. 반면 일본에는 독도를 일본 영토라고 주장할 만한 역사적 기록이 없습니다. 마지막 셋째, 우리나라는 1948년 독도에 대한 **통치권**을 국제연합인 UN으로부터 승인받았고, 국제법상으로도 대한민국의 영토라는 사실을 확인할 수 있습니다.

  소중한 독도를 지키려면 우리나라 사람들이 적극적으로 먼저 독도 문제에 관심을 가지고 독도가 우리 땅이라는 사실을 알려야 합니다. 독도의 역사와 지리, 환경을 공부해 독도의 중요성에 대해 이야기 나누고, 독도의 날인 10월 25일에 관련 행사나 캠페인에 참여해도 좋습니다. 독도를 사랑하는 마음을 모두가 볼 수 있도록 표현한다면 다른 사람들도 관심을 가질 것입니다. 이를 위해 독도 그림 그리기나 독도 지키기 캠페인 동영상을 만들어 게시하는 활동도 할 수 있겠지요.

  기회가 된다면 독도를 방문해 독도의 아름다움과 중요성을 직접 느껴도 좋습니다. 그 기억을 주변 사람과 나눈다면 이 역시 독도를 지키는 일이기 때문이지요.

사고력을 키우는 어휘

- **km(킬로미터)** 미터법에 의한 길이의 단위로, 1km는 1m의 1,000배
- **지형** 땅의 모양
- **생태계** 생물이 살아가는 세계
- **플랑크톤** 물속에서 물결에 따라 떠다니는 작은 생물
- **영토** 나라의 주권이 미치는 땅의 범위
- **항로** 배가 다니는 길
- **《삼국사기》** 《삼국유사》와 함께 우리나라에 현존하는 가장 오래된 역사책
- **통치권** 국민과 국토를 다스리는 국가의 절대적인 최고 지배권

내용을 확인해요

* 빈칸에 설명에 맞는 단어를 적어 보세요.

> 항로   생태계   영토   《삼국사기》

(   ) 배가 다니는 길
(   ) 《삼국유사》와 함께 우리나라에 현존하는 가장 오래된 역사책
(   ) 나라의 주권이 미치는 땅의 범위
(   ) 생물이 살아가는 세계

* 독도에 관한 설명 중 잘못된 것은 무엇일까요?

① 독도는 두 개의 큰 섬과 89개의 작은 바위섬으로 이루어져 있다.
② 우리나라에서 가장 오래된 화산섬이다.
③ 사람이 살지 않는 무인도다.
④ 독도는 우리나라의 가장 동쪽에 있다.
⑤ 우리나라 천연기념물 336호다.

* 독도를 지켜야 하는 이유를 찾아 써 보세요.

사고력을 높여요

* 그림책을 읽고 답해 보세요.

하나 책 속에서 생각하기

· 독도 주변의 작은 섬들은 어떤 이름을 가지고 있나요?
· 혹돔은 바닷속에서 어떤 생물들을 만났나요?
· 독도의 바다사자들은 왜 사라졌을까요?

둘 🌸 나와 내 주변으로 생각 넓히기

· 독도의 바닷속 환경을 왜 보호해야 할까요?
· 독도 바닷속 생물들이 건강하게 살기 위해 우리는 어떤 일을 할 수 있을까요?
· 독도 바닷속 생물들에 대해 더 알고 싶다면 어떻게 하면 좋을까요?

✱ 책이나 인터넷을 참고해 독도 바닷속에 사는 동식물을 그려 보세요.

✱ 이야기하고 쓰면서 생각을 정리해 보세요.

하나 🌸 옆 사람과 생각 나누기

독도를 지키기 위해 독도를 관광지로 개발해야 할까요?

개발해야 한다	개발하면 안 된다
① 독도의 지역 경제에 도움이 된다. 관광객들이 독도에 방문해 소비하면 독도의 지역 경제가 발전하고 주민들의 생활 수준도 높아진다. ② 독도의 역사와 문화를 배울 수 있다. 방문객들에게 교육 프로그램과 전시 등을 통해 독도의 중요성과 가치를 알릴 수 있다.	① 자연환경이 훼손된다. 관광객이 방문하면 쓰레기가 많아져 독도의 자연환경이 오염될 수 있다. ② 보호가 우선이다. 분쟁이 있는 영토이기 때문에 관광지로 개발하기보다 자연 그대로 보존하고 관리하는 것이 더 중요하다.

둘 ✿ 나의 생각 적기

더 읽어 봐요

《바다사자의 섬》 유영초 글·오승민 그림 | 느림보
독도 바다에서 신나게 헤엄치며 평화롭게 살던 바다사자들 앞에 어느 날 커다란 배가 나타납니다. 바다사자들은 사냥꾼들에게 쫓겨 동굴로 숨어들지만 결국 대왕 바다사자가 최후를 맞이하고 맙니다. 지금 독도의 바다사자들은 어디로 갔을까요?

《우리 독도에서 온 편지》 윤문영 지음 | 계수나무
독도경비대원인 삼촌은 조카에게 편지를 보내 독도 이야기를 전해 줍니다. 아이는 삼촌의 편지를 읽으며 잘 몰랐던 독도에 대해 알아 가지요. 독도에 대한 사랑과 자부심, 그리고 독도의 소중함을 느낄 수 있는 따뜻한 이야기입니다.

《괭이갈매기도 모르는 독도 이야기》 박지환 글·허현경 그림 | 한겨레아이들
독도의 환경과 동식물부터 해양 생물과 기후, 독도 연구와 함께 발전해 온 우리나라의 과학 기술까지 독도에 관한 모든 것을 소개합니다. 독도가 왜 우리의 소중한 땅인지, 독도를 지키기 위해 우리가 할 수 있는 일은 무엇인지 생각해 봅시다.

갈라졌어도
한 민족이에요

창의 사고력 ★★★☆☆
비판 사고력 ★★★★☆

《온양이》 선안나 글·김영만 그림

한국 전쟁이 한창이던 1950년 12월, 중국군의 참전으로 국군과 미군은 남쪽으로 후퇴하고 사람들도 피난을 떠납니다. 아홉 살 소년 명호는 편찮은 할아버지와 작별하고 만삭인 엄마, 동생과 함께 고향을 떠나 피난길에 오릅니다. 남쪽으로 가는 배 '온양호'를 타기 위해 온갖 고생 끝에 흥남 부두에 도착하지만 그곳은 이미 피난민으로 가득합니다. 과연 명호네 가족은 배에 오를 수 있을까요? 북쪽의 흥남 부두에서 약 10만 명의 피난민을 남쪽으로 실어 나른 구조선 온양호와 인류 역사상 가장 위대한 구조로 알려진 흥남 철수 작전을 바탕으로, 참혹한 전쟁 속에서 생명의 소중함과 삶의 희망을 그립니다.

함께 생각해요

5,000년의 역사 속에서 우리나라 사람들은 조국을 사랑하는 마음으로 수많은 외국의 침략을 이겨냈습니다. 하지만 6·25 전쟁으로 인해 같은 민족끼리 미워하고 죽이는 비극을 겪었고 결국 두 나라로 갈라지고 말았습니다. 하나였던 민족이 서로 다른 사상으로 인해 70여 년 동안 다른 길을 걸어온 지금, 우리는 어떤 마음으로 분단된 조국을 바라봐야 할까요? 또 통일에 대해 어떤 생각을 해야 할까요?

1950년 6월 25일 새벽 북한이 **북위** 38°선을 넘어 남침하며 시작된 전쟁은 1953년 7월 27일 **휴전** 협정을 맺을 때까지 약 3년 동안 이어졌습니다. 6·25 **사변** 또는 한국 전쟁이라고 하는 이 비극으로 많은 사람이 죽고 시설이 파괴됐으며 우리 민족이 각각 다른 나라로 사는 오늘에 이르렀습니다.

　우리나라는 왜 남북으로 나뉘었을까요? 6·25 전쟁이 일어나기 5년 전인 1945년, 일본으로부터 독립한 우리나라는 UN 총회의 결정으로 북위 38°선 아래쪽을 미국이, 위쪽을 소련이 임시로 통치하게 되었습니다. 당시 미국과 소련은 각각 **자본주의**와 **공산주의**라는 서로 반대되는 이념을 가지고 있었습니다.

　UN 총회는 대한민국 정부를 세우기 위해 남북한 총**선거**를 실시하기로 결정했지만 소련의 반대로 남한만 선거를 하게 됩니다. 독립운동가인 김구를 비롯해 많은 사람이 통일된 민주 정부를 세우기 위해 노력했지만 결국 1948년 5월 10일, 남한은 단독 선거로 대한민국 정부를 세웁니다. 뒤이어 북한이 조선 민주주의 인민 공화국 정부를 세우며 두 나라로 갈라지고 말았지요. 이후 남북은 같은 민족끼리 경쟁하며 서로를 적으로 여기게 되었습니다.

　1950년 6월 25일 새벽, 북한군은 소련에게 지원받은 무기와 탱크를 이끌고 38°선을 넘어 남한을 침략합니다. 갑작스러운 공격으로 사흘 만에 서울을 빼앗긴 남한은 UN에 도움을 요청했고, UN은 16개국 연합 군대를 남한에 보냈습니다. 맥아더 장군의 인천 상륙 작전으로 서울을 되찾은 국군과 UN군은 북쪽으로 진격해 평양까지 차지하는데, 공산주의 국가인 중국이 전쟁에 참여하면서 다시 밀리기 시작합니다. 이후 38°선을 중심으로 치열한 전투가 계속됐고 결국 1953년 7월 27일, 남북은 서로의 피해를 줄이기 위해 휴전 협정을 맺고 전쟁을 잠시 멈추었습니다.

　전쟁이 남긴 상처는 너무나 컸습니다. 수백만 명이 죽고 1,000만 명 이상의 **이산가족**이 생겼습니다. 국토는 폐허가 되었고 공장, 철도, 도로 등 산업 시설이 파괴됐지요. 민족 간의 적대감은 더욱 심해졌으며, 임시로 나눈 38°선은 휴전선이 되어 오늘날까지 한반도를 가로지르고 있습니다.

6·25 전쟁 이후 한동안 교류가 없던 남한과 북한은 1980년대부터 통일을 위해 노력하기 시작했습니다. 이산가족 만남 행사를 열고 남북한이 함께 세계 스포츠 경기에 참석했지요. 남북 정상 회담이 성사되면서 경제적으로도 힘을 모으려 시도했지요. 하지만 민족의 화해는 여전히 이루어지지 않고 있습니다. 남북이 다시 하나가 되려면 여러 방법으로 교류와 협력을 실현하고 이어 나가야 합니다. 서로를 향한 무력 침략과 충돌도 멈추어야 하지요.

무엇보다 중요한 점은 다른 나라의 힘을 빌리지 않고 우리 민족이 중심이 되어 통일이라는 목표를 향해 꾸준히 노력해야 한다는 것입니다. 이를 위해 우리는 통일이 왜 중요한지 알아야 합니다. 남북한의 역사와 현재 상황, 남북한의 차이점과 공통점, 통일이 가져올 긍정적인 변화 등을 이해해야 하지요. 글쓰기나 그림 그리기 활동, 통일 관련 행사나 캠페인에 참여해 통일에 대해 깊이 생각하고 표현할 기회를 가지는 것도 좋습니다. 통일을 이해하려는 작은 관심과 노력이 쌓여, 통일을 향한 국민의 마음을 모으는 큰 힘이 될 테니 말입니다.

사고력을 키우는 어휘

- **북위** 적도에서 북극에 이르기까지의 위도
- **휴전** 전쟁 중인 국가가 서로 합의해 전쟁을 잠시 멈춤
- **사변** 한 나라가 상대국에 선전 포고 없이 무력을 쓰는 일
- **자본주의** 이익을 얻기 위해 생산 활동을 하도록 보장하는 사회 경제 체제
- **공산주의** 개인의 재산 소유를 인정하지 않고 모든 사람이 재산을 공동으로 소유하는 사회 제도
- **선거** 어떤 나라나 지역, 조직, 기관 등을 대표하는 사람을 뽑는 일
- **이산가족** 전쟁으로 헤어져서 서로 소식을 모르는 가족

내용을 확인해요

* 빈칸에 알맞은 단어를 찾아 써 보세요.

    대한민국은 1945년 일본으로부터 독립했지만 미국의 _____ 와 소련의 _____ 가 서로 반대되는 이념이었기에 다른 길을 가게 되었습니다. 1950년 6월 25일 북한이 _____ 38°선을 넘어 남침하며 시작된 6·25 전쟁은 1953년 7월 27일에 _____ 협정을 맺으며 종료됐습니다.

* 6·25 전쟁에 관한 설명 중 잘못된 것은 무엇일까요?

    ① 북한이 38°선을 넘어 남침하며 시작됐다.
    ② 소련은 북한에 무기와 탱크를 지원했다.
    ③ 북한은 전쟁을 시작한 지 사흘 만에 서울을 점령했다.
    ④ 남한은 맥아더 장군의 인천 상륙 작전으로 인해 서울을 되찾았다.
    ⑤ 6·25 전쟁 후 대한민국 정부가 세워졌다.

* 6·25 전쟁으로 어떤 피해가 발생했는지 적어 보세요.

사고력을 높여요

* 그림책을 읽고 답해 보세요.

    하나 🌼 책 속에서 생각하기
    · 명호네 가족이 할아버지와 헤어진 이유는 무엇인가요?
    · 미군 사령부는 왜 피난민을 배에 태우기로 했나요?
    · 배에서 태어난 아기에게 왜 온양이라는 이름을 지어 주었을까요?

둘 🌸 나와 내 주변으로 생각 넓히기

· 6·25 전쟁이 일어난 이유는 무엇일까요?
· 남한과 북한은 통일을 위해 어떤 노력을 해야 할까요?
· 평화 통일을 위해 우리가 할 수 있는 일은 무엇일까요?

✹ 통일을 염원하는 마음을 담아 평화의 깃발을 그리고 그림을 설명해 보세요.

평화의 깃발을 그려 보세요	어떤 의미가 담겨 있나요?

✹ 이야기하고 쓰면서 생각을 정리해 보세요.

하나 🌸 옆 사람과 생각 나누기

남한과 북한은 통일을 해야 할까요?

통일해야 한다

① 가족이 다시 만날 수 있다.
오랫동안 헤어져 있던 남한과 북한의 이산가족이 다시 만나 행복하게 지낼 수 있다.

② 더 부강해질 수 있다.
남한은 기술이 발달했고 북한은 천연자원이 많기 때문에 서로 힘을 합치면 더 풍요로운 나라가 될 수 있다.

통일하지 않아도 된다

① 이제 서로 다른 나라가 되었다.
제도와 이념이 다른 상태로 오랜 시간이 흘렀기에 남북을 각각의 국가로 존중해야 한다.

② 경제적인 차이가 크다.
북한은 경제적 도움이 많이 필요하기 때문에 통일이 되면 남한 사람들이 경제적으로 부양해야 할 가능성이 크다.

둘 🌸 나의 생각 적기

📑 더 읽어 봐요

《기차》 천미진 글·설동주 그림 | 발견(키즈엠)
이야기 속 서울역에서 출발하는 기차는 북한의 함흥역을 지나 러시아와 유럽의 도시들을 지납니다. 여행자들은 그리운 고향에 도착해 행복한 시간을 보내지요. 지금은 갈 수 없지만 언젠가 자유롭게 그 길 위를 지나갈 날을 꿈꾸며, 함께 통일이 된 미래를 상상해 봅시다.

《숨바꼭질》 김정선 지음 | 사계절
박순득과 이순득은 이름이 같은 친구입니다. 한마을에 살며 늘 함께했던 둘은 전쟁이 일어나 헤어지고 맙니다. 고향에 남은 박순득과 피난을 떠난 이순득, 두 친구는 숨바꼭질을 마치고 다시 만날 수 있을까요? 두 친구의 상반된 운명을 통해 한국 전쟁이 남긴 상처에 대해 생각해 봅시다.

《강냉이》 권정생 글·김환영 그림 | 사계절
한 아이가 엄마, 형과 함께 집 모퉁이의 토담 밑에 강냉이를 심습니다. 옥수수가 주렁주렁 열릴 여름을 기다리던 어느 날, 갑자기 전쟁이 일어나고 아이의 가족은 피난길에 오릅니다. 아이는 전쟁이 끝난 뒤 고향에 돌아가 강냉이를 볼 수 있을까요? 전쟁으로 소중한 터전을 잃은 사람들이 바라고 소망하는 것이 무엇일지 생각해 봅시다.

어른들의 전쟁에
아이들이 고통받아요

창의 사고력 ★★★★★
비판 사고력 ★★★★★

《키이우의 달》 잔니 로다리 시 · 베아트리체 알레마냐 그림

표지의 파란색과 노란색을 보면 우크라이나의 국기가 떠오릅니다. 책장의 크라프트 지에 크레파스로 그려진 그림은 마치 어린아이가 그린 느낌을 줍니다. 책 속의 달은 장면마다 다른 모습으로 표현돼 있는데, 이야기를 읽고 나면 하나의 달을 세계 여러 나라에서 바라본 모양으로 그렸다는 것을 알게 됩니다. 키이우, 로마, 인도, 페루, 테베레 강, 사해에서 보이는 달은 모두 같은 달입니다. 마지막 장면에서 달빛을 그네 삼아 즐겁게 타는 아이들의 모습은 매우 평화로워 보입니다. 자유로운 달빛은 어디든 가닿을 수 있습니다. 우크라이나 아이들도 자유로운 달빛 아래에서 편안한 얼굴로 곤히 잠들 수 있을까요?

함께 생각해요

우리나라와 우크라이나의 시차는 6시간으로, 우크라이나 아이들은 그만큼 밤하늘의 달을 우리보다 늦게 봅니다. 사실 우리나라에 뜨는 달과 우크라이나에 뜨는 달은 같은 달입니다. 세상에 존재하는 달은 하나뿐이기 때문이지요. 하지만 달빛이 닿는 곳의 상황은 모두 다릅니다. 우리가 만약 우크라이나에서 밤하늘의 달을 본다면 어떤 마음으로 보게 될까요? 우크라이나 어린이의 입장이 되어 생각해 봅시다.

2022년 2월 24일, 러시아는 우크라이나를 침범했습니다. 우크라이나의 수도인 키이우를 비롯해 동부, 북부, 남부에서 러시아의 **동시다발**적인 공격이 시작됐지요. 갑자기 날아간 미사일은 우크라이나 사람들의 평화를 깨고 공포에 떨게 했습니다. 집과 건물들이 파괴되고 수많은 사람이 목숨을 잃거나 난민이 되고 말았지요. 세계 곳곳에서 이 전쟁을 반대하고 평화를 외치는 목소리를 높이고 있지만 러시아-우크라이나 전쟁은 계속되고 있습니다.

　교통과 통신의 발달로 세계가 한마을처럼 가까워지면서 지구를 한마을처럼 표현한 지구촌이라는 말이 생겨났습니다. 그런데 지구촌 곳곳에서 영역이나 자원을 차지하기 위해서 또는 민족·종교·정치적 차이로 갈등이 일어나고 있습니다. 각종 매체를 통해 알려진 바에 따르면 러시아의 우크라이나 침공에도 영토 분쟁 문제, 군사적·역사적인 문제 등 여러 가지 이유가 있다고 합니다. 하지만 전쟁은 어떤 이유가 있어도 일어나면 안 되는 재난입니다.

　전쟁이 길어지면서 러시아-우크라이나 전쟁에 대한 사람들의 관심이 줄어들고 있습니다. 그럼에도 우리는 2022년 2월부터 끔찍한 공포와 불안 속에서 고통받고 있는 우크라이나 사람들에게 꾸준히 관심을 기울여야 합니다. 그중에서도 가장 보호받아야 할 아이들이 어른들의 전쟁으로 몸과 마음에 치명적인 상처를 입고 있다는 점에 주목해야 합니다.

　이미 수백 명의 우크라이나 어린이가 목숨을 잃었습니다. 지금까지 살아남은 아이들은 삶의 터전을 없앤 미사일과 드론 공격을 피해 어딘가에 숨어 몸을 웅크린 채 공포에 떨고 있을 것입니다. **정전**과 **단수**로 물을 충분히 마실 수도, 몸을 깨끗이 씻을 수도 없으며, 다치거나 아파도 의료 지원을 받기 어려운 상황에 놓여 있습니다. 정신적으로도 충격과 공포, 불안감 등에 시달리며 힘든 나날을 보내고 있을 것이 분명하지요. 이처럼 전쟁은 아이들의 몸과 마음에 치명적인 상처를 남깁니다.

아이들이 성장하면서 그 상처를 잘 치유할 수 있도록 국제 사회의 종합적인 지원과 노력이 필요합니다.

러시아와 우크라이나, 두 나라의 **무력** 충돌이 계속되면서 갈등이 쉽게 해결되지 않고 있습니다. 이 갈등을 해결하려면 누가, 무엇을, 어떻게 해야 할까요? 마을 사람들 사이에 심각한 갈등이 생기면 주민들이 한데 모여 머리를 맞대고 갈등을 해결하기 위해 함께 노력합니다. 지구촌도 마찬가지입니다. 전쟁 중인 두 나라의 노력만으로 갈등을 해결하기는 쉽지 않습니다. 두 나라 사이에 발생한 갈등을 해결하기 위해 지구촌 모든 나라가 관심을 가지고 함께 노력해야 합니다. 서로를 향해 겨누던 총을 거두고, **협상**하는 자리를 마련해 100시간이 넘게 걸리더라도 대화를 통해 평화롭게 갈등을 해결해야 합니다.

지구촌은 연결돼 있기 때문에 전쟁이 일어나면 우리나라도 영향을 받을 수밖에 없습니다. 지구촌 갈등을 평화롭게 해결하는 것에 모두가 꾸준히 관심을 가져야 한다는 뜻이지요. 지금까지 지구촌의 평화를 지키기 위해 노력한 사람, 단체, 국제기구의 발자취를 살펴보면 평화를 위해 어떤 행동이 필요한지 알 수 있습니다. 지구촌 갈등 해결을 위해 우리가 실천할 수 있는 일, 전쟁으로 고통받고 있는 어린이들을 도울 방법을 생각해 봅시다.

사고력을 키우는 어휘
- **동시다발** 같은 시기에 여러 가지가 발생함
- **정전** 전기가 끊김
- **단수** 물이 끊김
- **무력** 군사상의 힘
- **협상** 어떤 목적에 부합하는 결정을 하기 위해 여럿이 서로 의논함

내용을 확인해요

✽ 러시아-우크라이나 전쟁에 대한 설명 중 알맞지 않은 것을 고르세요.

① 2022년 2월에 러시아가 우크라이나를 침범해 공격했다.
② 우크라이나의 많은 사람이 난민이 되거나 목숨을 잃었다.
③ 러시아가 우크라이나를 침공한 이유는 여러 가지다.
④ 우크라이나의 어린이들은 안전한 생활을 하고 있다.
⑤ 세계 곳곳에서 이 전쟁을 반대하는 목소리가 높아졌다.

✽ 지구촌 갈등을 해결하기 위한 태도를 올바르게 설명한 두 명의 이름에 동그라미 치세요.

도현 〈 지구촌 갈등을 해결하려면 지구촌 사람들이 함께 노력해야 해.

나연 〈 지구촌 갈등은 전쟁 중인 두 나라만 노력해서 해결해야 해.

선우 〈 서로 대화를 통해 갈등을 평화롭게 해결하려고 노력해야 해.

사고력을 높여요

✽ 그림책을 읽고 답해 보세요.

하나 ✿ 책 속에서 생각하기
- 표지는 책과 처음 만나는 부분입니다. 표지를 보고 어떤 느낌이 들었나요?
- 이 그림책의 어느 장면이 가장 인상 깊었나요?
- 이 책에서 달의 의미는 무엇인가요?

둘 ✿ 나와 내 주변으로 생각 넓히기
- 우리가 밤에 보는 달과 키이우의 달은 어떤 점이 같고 어떤 점이 다를까요?
- 러시아-우크라이나 전쟁으로 고통받는 어린이들을 도울 방법은 무엇일까요?
- 지구촌 갈등을 해결하기 위해 우리가 실천할 수 있는 방법은 무엇인가요?

✱ 우크라이나 난민 어린이가 되었다고 가정하고, 그 입장에서 일기를 써 보세요.

_____ 년   월   일

✱ 이야기하고 쓰면서 생각을 정리해 보세요.

하나 ✿ 옆 사람과 생각 나누기

지금 우크라이나를 떠나지 않은 국민도 전쟁이 길어지면 떠나야 할까요?

우크라이나에 계속 머무르는 편이 낫다

① **조국을 지켜야 한다.**
나라를 지키기 위해 희망을 가지고 하나로 뭉쳐야 한다.

② **가족과 헤어지거나 위험해질 수 있다.**
다른 나라로 떠나는 피난길이 험난해 안전이 보장되지 않기 때문이다.

하루빨리 다른 나라로 떠나야 한다

① **전쟁이 언제 끝날지 모른다.**
양국의 입장 차이가 크고, 평화롭게 해결되기까지 오랜 시간이 걸릴 수 있기 때문이다.

② **안전이 보장되지 않는다.**
전쟁 지역에 머무르다가 갑작스러운 미사일이나 드론 공격을 받을 수 있다.

둘 ✿ 나의 생각 적기

🔖 **더 읽어 봐요**

《설탕은 어디에 있지?》 김태경 지음 | 앤카인드
우크라이나 사람들이 러시아와의 전쟁 전에 겪은 실화를 바탕으로 한 이야기입니다. 주인공 소년은 집에 설탕이 떨어져 사러 나가는데, 이 과정에서 겪은 일들이 전쟁으로 이어집니다. 어린아이의 눈높이에서 전쟁을 바라보며 우크라이나의 설탕이 어디에 있을지 함께 생각해 봅시다.

《노란 나비》 올렉산드르 샤토킨 지음 | 최정희 옮김 | 앤카인드
주인공 소녀는 어둠 속에서 노란 나비를 만납니다. 어둠을 벗어나 파란 하늘도 보게 되지요. 《키이우의 달》을 읽을 때처럼 노란색과 파란색에서 우크라이나를 떠올릴 수 있습니다. 소녀와 노란 나비는 각각 무엇을 상징할까요?

《전쟁이 좋아하지 않는 것들》 지모 아바디아 지음 | 라미파 옮김 | 한울림어린이
전쟁은 자신이 좋아하지 않는 것들을 무참히 파괴합니다. 지금 전쟁 중인 나라들에는 전쟁이 좋아하지 않는 것들이 있을까요? 이 그림책에 가장 많이 등장하는 색깔인 빨간색은 무엇을 나타낼까요?

4장 갈등 없는 세상, 더불어 사는 삶을 이야기해요

손을 내밀어 함께해요

창의 사고력 ★★★☆☆
비판 사고력 ★★★★★

《손을 내밀었다》 허정윤 글·조원희 그림

가족, 반려동물과 행복한 시간을 보내는 소녀의 마을에 갑자기 전쟁이 터집니다. 살기 위해 정신없이 달리다 주변을 돌아보니 함께하던 가족도, 반려동물도 보이지 않습니다. 사람도 동물도 살기 위해 달리고 또 달릴 뿐입니다. 폭탄이 떨어져 쓰러진 소녀는 살려 달라고 울부짖는 사람들 틈에서 어찌해야 할지 모릅니다. 군인들이 철조망을 넘어가려는 사람들을 막자 소녀는 결국 위험한 배를 타고 자신의 나라를 떠납니다. 배는 알지 못하는 어느 나라에 닿는데, 다행히 소녀에게 누군가가 손을 내밀어 줍니다. 이 소녀는 이제 어떻게 살아갈까요?

함께 생각해요

전쟁 때문에 세계를 떠돌아다니는 난민의 대다수는 어린이와 여성입니다. 이들은 왜 두려움에 떨며 집을 떠나 위험한 배에 올라타야 하는지, 왜 다른 나라에서조차 살 수 없는지 알지 못한 채 이 나라 저 나라에 받아달라고 애원합니다. 전쟁의 잔인함은 어린이도 비켜 가지 않습니다. 오히려 힘이 없어 어디서든 더욱 대우받지 못하지요. 어린 난민이 험난한 여정에서 겪는 어려움과 그들의 강인함, 난민들에게 손을 내밀어 주는 따뜻한 마음에 대해 생각해 봅시다.

사람은 보통 자신이 태어난 나라에서 자라며 가족과 친구, 이웃과 관계 맺으며 살아갑니다. 대부분은 그 국가에서 교육을 받고 직장도 잡지요. 그런데 내가 태어나고 자란 나라에 큰 재난이 일어나면 어떻게 해야 할까요? 전쟁과 테러, 극도의 빈곤, 자연재해 그리고 정치적 괴롭힘을 피해 다른 나라로 떠나는 사람들을 '난민'이라고 합니다. 제2차 세계 대전 이후 동유럽을 떠난 대규모 피난민을 가리키는 이름을 법적으로 정의하면서 공식적으로 사용하게 된 명칭이지요.

  오랜 기간 세계를 떠돌며 고통받은 대표적인 난민으로는 먼저 팔레스타인 난민이 있습니다. 1948년 5월, 유태인들은 제2차 세계 대전 전까지 영국의 지배를 받던 팔레스타인 지역에 이스라엘이라는 나라를 세웠습니다. 원래 팔레스타인에 살던 아랍 사람들이 갑자기 영토를 잃게 된 것이지요. 그들과 이스라엘은 이 지역을 서로 자신의 것이라 주장하며 전쟁을 벌였는데, 이로 인해 70만 명 이상의 팔레스타인 사람이 고향을 떠나 가자, 요르단강 서안, 시리아, 레바논 등의 **수용소**에서 생활하게 되었습니다.

  다음은 보트(boat) 피플입니다. 1960년에 이념 갈등으로 발발한 베트남 전쟁을 피해 1970년대 초반부터 보트, 즉 배를 타고 탈출한 사람들을 부르는 명칭이지요. 남베트남이 공산화되자 1973년부터 1988년까지 100만여 명이 자유를 위해 베트남을 떠났습니다. 하지만 받아 주는 나라가 거의 없어 바다 위에서 헤매야만 했고, 식량 부족과 태풍 등으로 많은 사람이 숨을 거두었다고 합니다.

  마지막은 르완다 난민입니다. 1990년 르완다에서 서로 다른 민족인 후투족과 투치족이 갈라져 다투는 분쟁이 발생했고, 이 내전으로 총 300만여 명의 난민이 생겨났습니다. 르완다 난민은 가까운 국가인 우간다와 자이르로 피신했지만 극심한 식량 부족과 콜레라 등 전염병으로 많이 죽었다고 합니다.

  살기 위해 자신의 나라를 떠난 난민들은 다른 나라에 거주하고 싶어 합니다. 인근 국가에서는 생명의 위협을 받고 있는 이들의 상황을 헤아려 **인도적**인 차원에서 난민을 받아들입니다. 하지만 대규모의 난민을 갑자기 수용하면 그 나라는 이들을 지원하기 위해 많은 돈을 써야 합니다. 일부 국가의 사람들은 자국의 일자리가 줄고 치안이 나빠질까 봐 난민이 들어오는 것을 반대하기도 하지요.

그럼에도 세계 여러 나라는 국제난민기구를 만들어 난민을 지원하고 있습니다. 우리나라도 난민 조약에 가입해 난민 문제 해결에 적극 **동참**하고 있지요. 난민의 안정적인 삶을 돕는 방법으로는 자발적 귀환과 재정착, 사회 통합 등이 있습니다. 먼저 자발적 귀환은 자신이 살던 곳의 문제를 해결해 다시 돌아가서 살도록 도와주는 것입니다. 다음으로 재정착은 계속되는 분쟁과 전쟁, 박해로 인해 돌아갈 수 없는 사람들에게 문화와 언어 교육, 직업 훈련 등 교육과 취업 기회를 제공해 다른 나라에 재정착하도록 돕는 것입니다. 마지막으로 사회 통합은 그들을 받아 주는 나라에 완전히 머무르는 것입니다. 이 경우에는 난민들이 다시 일상적인 활동과 일을 시작할 수 있도록 해당 국가에서 지원해 주지요.

우리도 언제든지 전쟁과 기후 변화, 자연재해로 난민이 될 수 있습니다. 그러니 어려운 상황에 처한 난민의 상황과 목소리에 관심을 기울이고 도와주는 따뜻한 마음을 가지면 어떨까요? 난민을 지원하는 국제 기구와 민간 단체를 후원하거나 지지하는 의견을 보내는 일도 큰 도움이 될 것입니다.

사고력을 키우는 어휘

- **수용소** 전쟁 또는 재난 시 많은 사람을 가두거나 모아 넣는 곳
- **인도적** 사람으로서 마땅히 지켜야 할 도리에 관계됨
- **동참** 어떤 모임이나 일을 같이함

내용을 확인해요

* 단어와 설명이 알맞은 것끼리 선으로 이어 보세요.

난민 • • 베트남 전쟁 후 자유를 위해 탈출한 남베트남 사람들

팔레스타인 난민 • • 전쟁, 테러, 극도의 빈곤, 자연재해 등을 피해 다른 나라로 가는 사람들

보트 피플 • • 후투족과 투치족의 갈등으로 고국을 떠난 사람들

르완다 난민 • • 이스라엘과 팔레스타인의 전쟁으로 팔레스타인 지역을 떠난 사람들

* 빈칸에 설명에 맞는 단어를 적어 보세요.

| 수용소 | 분쟁 | 동참 | 인도적인 차원 |

( ) 서로 갈라져 다툼
( ) 어떤 모임이나 일을 같이함
( ) 전쟁 또는 재난 시 많은 사람을 가두거나 모아 넣는 곳
( ) 정치·경제와 별개로 사람이 마땅히 지켜야 할 도리를 따르려는 입장

사고력을 높여요

* 그림책을 읽고 답해 보세요.

하나 책 속에서 생각하기

· 소녀처럼 갑자기 전쟁이 일어나 가족과 헤어지면 어떤 생각이 들까요?
· 소녀는 왜 철조망에 구멍이 나기를 기도했을까요?
· 소녀는 앞으로 어떻게 살아가게 될까요?

둘 나와 내 주변으로 생각 넓히기

· 우리 반에 난민 친구가 전학 온다면 어떻게 대해야 할까요?
· 난민을 받아들이기 위해 사회적으로 어떤 노력을 기울여야 할까요?
· 난민 수용에 반대하는 사람들을 어떻게 설득할 수 있을까요?

✱ 노래 가사를 바꾸어 불러 봅시다. 예시처럼 내가 잘 아는 노래를 난민과 관련된 주제로 가사를 바꾸고 불러 보세요.

예) 파란 마음 하얀 마음

우리들 마음에 빛이 있다면
여름엔 여름엔 파랄 거예요.
산도 들도 지붕도 파란 잎으로
파랗게 파랗게 덮인 속에서
파아란 하늘 보고 자라니까요.

↓

우리들 마음에 빛이 있다면
난민들에게는 파랄 거예요.
서로 돕고 나누면 파란색으로
파랗게 파랗게 덮인 속에서
인도적 차원에서 살아가니까요.

✱ 이야기하고 쓰면서 생각을 정리해 보세요.

하나 옆 사람과 생각 나누기

우리나라에 난민을 받아들여야 할까요?

받아들여야 한다

① 그들의 사정을 헤아리고 도와야 한다.
난민은 돌아갈 곳이 없기 때문에 인도적인 차원에서 살 수 있게 해 주어야 한다.

② 인구 감소 문제를 해결할 수 있다.
난민을 받아들이면 우리나라의 인구 감소 문제, 노동력 부족 문제 해결에 도움이 된다.

받아들이면 안 된다

① 일자리가 부족해진다.
난민이 들어오면 우리나라 사람들도 가지고 싶어 하는 좋은 일자리가 부족해질 수 있다.

② 갈등이 생길 수 있다.
우리와 생김새와 언어, 문화가 달라 의견 차이가 생길 수도, 치안이 나빠질 수도 있다.

둘 ❋ 나의 생각 적기

더 읽어 봐요

《긴 여행》 프란체스카 산나 지음 | 차정민 옮김 | 풀빛
전쟁은 평화를 깨트리고 아빠마저 빼앗아 갔습니다. 엄마와 남겨진 아이들은 전쟁이 없는 곳을 찾아 차를 타고 떠나는데, 여행이 길어지면서 가지고 온 짐을 버리게 됩니다. 국경을 넘기 위해 위험을 감수해야 하는 이 가족은 앞으로 어떻게 살아갈까요?

《난민 친구가 왔어요》 엘리즈 그라벨 지음 | 박진숙 옮김 | 북뱅크
아인슈타인, 밥 말리, 안네 프랑크, 프레디 머큐리 같은 유명한 사람들도 난민이었습니다. 우리도 전쟁, 기후 변화, 자연재해 등으로 갑자기 난민이 될 수도 있습니다. 우리 반에 난민 친구가 전학 온다면 어떤 태도로 무엇을 도와주어야 할까요?

《소원들》 므언 티 반 글·빅토 가이 그림 | 신형건 옮김 | 보물창고
한밤중에 한 가족이 목숨을 지키기 위해 작은 배를 타고 낯선 곳으로 몰래 떠납니다. 힘든 여정이지만 이들의 마음속에는 결코 꺼트릴 수 없는 소망의 불빛이 깜박거립니다. 우리가 이 가족처럼 안전한 곳을 찾기 위해 위험한 바다를 건너야 한다면, 과연 어떤 바람을 품게 될까요?

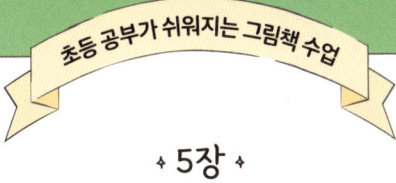

5장

우리의 터전, 지구의 위기를 해결해요

빙하가 녹으면
우리 집이 없어진다고?

창의 사고력 ★★★☆☆
비판 사고력 ★★★★☆

《도시에 물이 차올라요》 마리아호 일러스트라호 지음

동물들이 함께 사는 도시에 물이 차오르기 시작합니다. 처음에는 바닥이 조금 젖는 정도여서 다들 신경 쓰지 않았는데, 물이 점점 더 차오르자 몸집이 작은 동물들이 잠길 위험에 처합니다. 덩치 큰 동물들은 재미있다고 생각하며 모르는 척할 뿐입니다. 위험을 감지한 타마린 원숭이는 다른 동물들에게 문제가 생긴 것 같으니 도시 바닥의 물마개를 제거해야 한다고 외치지만 큰 동물들은 원숭이의 경고를 무시하지요. 그러다 물이 더 차올라 자신들마저 위험해지자 다 같이 모여 해결 방법을 고민합니다. 과연 동물들은 도시에 가득 차오른 물을 잘 해결할 수 있을까요?

함께 생각해요

도시에 차오르는 물은 지금 우리가 사는 지구에서 일어나고 있는 해수면 상승을 의미합니다. 이미 섬나라인 투발루는 물에 잠기고 있고, 그곳에 살던 사람들은 낯선 땅으로 떠나고 있습니다. 지구의 기후 위기는 점점 심각해지고 있습니다. 혹시 투발루의 일을 덩치 큰 동물들이 그랬던 것처럼 우리와 상관없다고 생각하고 있지 않나요? 미래에는 바닷가의 많은 도시가 물에 잠긴다고 합니다. 다 같이 해결책을 고민해야 하는 이때, 우리는 어떤 생각과 어떤 노력을 해야 할까요?

식물원에 가면 더운 지역에 사는 식물을 모아 키우는 따뜻한 온실이 있습니다. 지구도 **대기** 중에 온실가스가 늘어나면 점점 기온이 올라 따뜻해지는데, 이를 '지구 온난화'라고 합니다. 석탄, 석유 같은 화석 연료를 사용할 때 발생하는 이산화탄소가 대표적인 온실가스지요. 지구 온난화는 지구의 날씨를 예상하기 어렵게 만듭니다. 서늘한 여름이나 따뜻한 겨울이 계속되거나 가뭄, 폭염, 태풍, 폭설, 한파 등 **기상 이변**이 나타나지요. 우리나라의 평균 기온도 지난 100년 동안 약 1.7℃가 올랐으며 매년 내리는 눈과 비의 양이 증가하고 있습니다.

이상 기후가 지속되면 생태계가 파괴됩니다. 대부분의 생물은 각자 살아가기 좋은 환경이 정해져 있는데, 기후가 바뀌면 원래 서식하던 곳에서 더 이상 살 수 없기 때문입니다. 이미 사과 재배 지역이 남에서 북으로 올라가고 있고, 남해에서 잡히던 물고기가 동해에서 낚이며 바다에서 포획할 수 있는 생선의 종류도 달라졌습니다. 일부 생물은 기후 변화에 적응하지 못해 멸종 위기에 처했지요.

이는 동식물만의 문제가 아닙니다. 지구 온난화로 **해수면**이 상승하면서 인간도 비슷한 상황에 놓였습니다. 지구의 물은 대부분 바다에 있습니다. 바닷물은 태양열을 받으면 증발해 비와 눈의 형태로 바뀌지만 양은 크게 변하지 않습니다. 땅속에 스며들어 지하수가 되기도 하고, 높은 산 위의 **만년설**이 되기도 하지요. 남극과 북극, 그 주변인 시베리아와 그린란드 지역에도 수백 미터 두께의 눈과 얼음, 즉 빙하가 쌓여 있습니다. 그런데 지구가 계속 따뜻해지면 빙하가 녹아 강과 바다로 흘러 들어가고, 바닷물의 양이 늘어납니다. 이로 인해 바다가 뜨거워지면 빙하가 녹는 속도는 더 빨라지고, 바닷물이 점점 더 열을 머금어 부피가 커지게 되지요.

최근 연구에 따르면 불과 몇 년만 지나도 한여름의 북극해에서 얼음이 아예 사라질지도 모른다고 합니다. 남극 대륙의 빙하가 녹는 속도도 40년 전보다 6배가량 빨라졌다고 하지요. 빙하가 모조리 녹으면 지구 해수면이 58m나 상승해 우리나라의 인천, 부산뿐만 아니라 인도네시아의 자카르타, 이탈리아의 베네치아, 미국의 뉴욕 등 전 세계 도시가 물속으로 사라질 수도 있습니다.

지구 온난화 문제를 해결하기 위해 우리는 어떤 노력을 해야 할까요? 첫째, 온실가스 중 하나인 메탄을 많이 배출하는 소고기, 돼지고기, 닭고기 등 육류를 적게 먹어야 합니다. 둘째로 태양광과 풍력같이 온실가스를 적게 배출하는 재생 에너지를 사용해야 합니다. 전자 제품은 에너지 효율이 좋은 1등급 제품을 이용하면 에너지를 아껴 쓸 수 있습니다.

국가와 사회 전체의 노력도 중요합니다. 예를 들어 농사를 지을 때는 친환경 농법 사용을 장려하고, 온실가스를 배출하는 비료 사용을 줄여 지속 가능한 농업을 추구하는 편이 좋습니다. 숲과 습지 등을 다시 만들어 일상생활과 산업 시설에서 배출되는 탄소를 모으고 저장하는 기술과 시스템도 발전시켜야 합니다.

지구 온난화는 삶의 터전을 해칠 뿐만 아니라 우리 건강에도 좋지 않은 영향을 줍니다. 말라리아를 옮기는 모기의 활동 지역이 넓어져 전염병이 돌고, 빙하 속에 오래 갇혀 있던 고대 바이러스가 등장할 수도 있지요. 폭염과 열대야로 건강에 이상이 생길 수도 있습니다. 지구 온난화 문제에 지속적인 관심을 가지고 내가 할 수 있는 일을 작게나마 실천해야 할 때입니다.

사고력을 키우는 어휘
- **대기** 지구를 둘러싼 기체. 공기
- **기상 이변** 보통의 날씨와 아주 다른 현상
- **이상 기후** 기온이나 강수량 따위가 정상 범주를 벗어난 상태
- **해수면** 바닷물의 표면
- **만년설** 언제나 녹지 않고 쌓여 있는 눈

내용을 확인해요

* 지구 온난화의 내용으로 알맞은 것끼리 선으로 이어 보세요.

지구 온난화의 원인 •　　　　　　• 에너지 효율이 높은 제품 사용

지구 온난화의 의미 •　　　　　　• 화석 연료 사용

지구 온난화 사례 •　　　　　　• 지구의 온도가 점점 올라가는 현상

지구 온난화 해결 방안 •　　　　　　• 해수면의 상승

* 설명에 맞는 단어를 적어 보세요.

온실가스　　화석 연료　　이상 기후　　해수면　　대기

(　　　) 기온이나 강수량 따위가 정상 범주를 벗어난 상태

(　　　) 석탄, 석유 등 지질 시대에 땅속에 묻힌 생물이 화석같이 굳어져 오늘날 연료로 이용하는 물질

(　　　) 지구 대기를 오염시켜 온실 효과를 일으키는 이산화탄소, 메탄 등의 가스

(　　　) 지구를 둘러싼 기체. 공기

(　　　) 바닷물의 표면

사고력을 높여요

* 그림책을 읽고 답해 보세요.

하나 책 속에서 생각하기
· 타마린 원숭이의 경고 같은 세상이 보내는 작은 신호들을 무시하면 어떻게 될까요?
· 도시가 물에 잠기기 시작했을 때 작은 동물부터 힘들어진 이유는 무엇일까요?
· 물에 잠긴 도시의 문제를 해결한 뒤 생겼다는 '새로운 문제'는 무엇일까요?

둘 ◈ 나와 내 주변으로 생각 넓히기

- 지구의 온난화를 막기 위해 지금 내가 실천할 수 있는 일은 무엇일까요?
- 환경 문제를 해결하기 위해 기업과 국가는 어떤 노력을 하고 있을까요?
- 탄소 발자국이란 무엇일까요? 한국기후환경네트워크 홈페이지의 '탄소 발자국 계산기'로 내 탄소 발자국을 계산해 봅시다.

✷ 책의 등장인물 중 한 명과 인터뷰하는 상상을 하며 질문과 대답을 써 보세요.

✦ 만나고 싶은 등장인물:

✦ 질문 ①

　　　②

　　　③

✦ 답변 ①

　　　②

　　　③

✷ 이야기하고 쓰면서 생각을 정리해 보세요.

하나 ◈ 옆 사람과 생각 나누기

지구 온난화가 일어난 지금, 산업 개발을 계속해야 할까요?

개발해야 한다

① 인간이 살아가는 데 필요하다.
사람이 생활하는 데 필수적인 건물과 도로, 문화 시설 등을 만들어야 하기 때문이다.

② 오히려 생태계를 보존할 수도 있다.
자연재해를 막고 환경 보호에 도움이 되는 시설을 만들어 생태계를 보존할 수 있다.

개발하면 안 된다

① 생태계를 파괴한다.
개발을 하면 그 지역에 살던 생물이 더 이상 그곳에 살지 못하게 된다.

② 우리 사회가 위험에 빠진다.
개발 공사 중에 사고가 나거나 공사 자재로 환경에 좋지 않은 물질을 사용하기도 한다.

둘 🌸 나의 생각 적기

📖 더 읽어 봐요

《상자 세상》 윤여림 글·이명하 그림 | 천개의바람
사람들은 집에서 편하게 물건을 택배로 받고 포장 상자는 바로 버립니다. 계속되는 택배 때문에 세상에는 상자가 넘쳐 나고, 높이 쌓인 상자들은 세상을 마구 먹어 치우기 시작합니다. 한 번 쓰고 버리는 상자들에 대해 어떤 생각을 가져야 할까요?

《눈보라》 강경수 지음 | 창비
빙하가 점점 녹아서 북극에 살 수 없게 된 북극곰 눈보라는 마을에 먹을 것을 구하러 갔다가 사람들에게 쫓기게 됩니다. 그래도 살기 위해 몰래 쓰레기통을 뒤지던 눈보라는 자신과 생김새가 다른 곰인 판다가 사람들의 사랑을 받는다는 것을 알게 됩니다. 북극곰 눈보라는 앞으로 어떻게 살아야 할까요?

《투발루에게 수영을 가르칠 걸 그랬어》 유다정 글·박재현 그림 | 미래아이(미래M&B)
섬나라 투발루에 사는 로자는 섬과 같은 이름을 가진 고양이 투발루와 항상 함께합니다. 그런데 해수면이 상승해 섬이 바다에 잠기면서 로자는 가족과 함께 다른 곳으로 떠나야 하는 상황이 되었습니다. 시간이 흘러 섬을 떠나는 날, 고양이 투발루는 어디론가 사라져 로자와 같이 떠나지 못합니다. 수영을 못하는 고양이 투발루는 살아남을 수 있을까요?

오늘의 미세 먼지 농도가 궁금해요

창의 사고력 ★★★☆☆
비판 사고력 ★★★★☆

《오늘도 미세먼지》 김민주 지음

미세 먼지가 바람을 타고 집에 들어와 건이의 몸을 뒤덮습니다. 밥을 먹으라는 엄마의 말에 식탁 앞에 앉은 사람이 건이인지 미세 먼지인지 알 수 없을 정도지요. 미세 먼지는 최대한 건이인 척하며 밥을 먹는데 엄마가 청소를 하자고 합니다. 미세 먼지는 미안한 마음에 하는 척만 하고 몰래 나가기로 합니다. 창문을 열어 집안을 환기시킨 미세 먼지는 곳곳의 먼지를 털고 진공청소기도 돌립니다. 미세 먼지가 심한 날은 물걸레질이 좋다는 엄마 말씀에 물걸레질도 열심히 했지요. 그러다 지쳐 버린 미세 먼지가 결국 엄마에게 자신의 정체를 밝힙니다. 깨끗이 샤워하라는 엄마의 말을 따르면 건이는 원래의 모습으로 돌아올 수 있을까요?

함께 생각해요

우리는 공기 상태를 신경 쓰며 야외 활동을 고민해야 하는 환경에서 살고 있습니다. 하늘이 계속해서 뿌연 탓에 맑은 하늘을 기다리고 그리워하기도 하지요. 미세 먼지로 인한 심각한 환경 문제는 우리의 일상과 건강을 위협하고 있습니다. 미세 먼지는 무엇이고, 우리에게 어떤 영향을 주고 있을까요? 우리는 맑은 하늘과 마음껏 숨 쉬며 뛰어놀 수 있는 지구를 만들 수 있을까요? 우리가 할 수 있는 일은 무엇일까요?

하늘이 공기 중에 떠다니는 먼지에 뒤덮여 뿌옇게 보일 때가 있습니다. 먼지는 대기 중에 떠다니는 **분진**입니다. 대표적인 예로는 황사와 미세 먼지가 있는데, 황사는 중국이나 몽골 황토 지대에서 발생한 흙먼지로, 자연 토양 성분입니다. 미세 먼지는 주로 인위적인 **오염원**에서 발생합니다. 석탄과 석유 등 화석 연료를 태울 때 생기는 자동차 배기가스, 공사장의 먼지, 공장의 매연 등으로 생겨나지요. 일상에서 조리하고, 담배를 피고, 청소기를 사용할 때도 만들어집니다.

미세 먼지는 크기에 따라 미세 먼지와 초미세 먼지로 나뉩니다. 크기 단위는 μm인데, $1\mu m$는 1,000분의 1mm입니다. 미세 먼지는 입자 지름이 $10\mu m$ 이하, 초미세 먼지는 $2.5\mu m$ 이하로 머리카락의 지름보다도 작아 눈에 잘 보이지 않습니다. 그럼에도 **세계보건기구**의 국제암연구소가 1군 **발암** 물질로 지정했을 만큼 해로운 성분으로 구성돼 있지요.

미세 먼지는 공기 중에 떠다니다 우리가 숨 쉴 때 코와 입을 통해 몸속으로 들어오는데, 특히 초미세 먼지는 입자가 아주 작아서 몸 깊숙한 곳까지 침투합니다. 이로 인해 각종 염증은 물론 천식이나 폐렴 등 호흡기 질환이 생길 수 있습니다. 미세 먼지가 혈관 속에 침투하면 심장 마비가 일어나거나 뇌세포가 손상되기도 하지요.

미세 먼지는 농작물과 생태계에도 좋지 않은 영향을 줍니다. 미세 먼지가 섞인 비는 **산성비**가 되는데, 산성비에 젖은 토양에서는 식물이 자라기 힘들어집니다. 비가 그친 후에도 식물의 잎에 붙어 광합성을 막아 성장을 방해하고, 바다에 녹아들어 해양 생태계 균형을 깨트리고 파괴하지요.

미세 먼지로부터 우리 스스로를 지키려면 무엇을 해야 할까요? 첫째, 미세 먼지가 많은 날은 바깥출입이나 야외 활동을 자제해야 합니다. 환경부에서는 '좋음, 보통, 나쁨, 매우 나쁨' 4단계로 미세 먼지 농도를 매일 예보하고 있고, 지역별 측정소에서는 실시간 농도에 따라 경보를 발령하고 있습니다. 외출해야 한다면 예보를 확인하고 마스크를 착용해야 합니다. 둘째, 집에 돌아오면 미세 먼지가 묻은 손과 얼굴을 깨끗이 씻고, 몸속에 들어온 미세 먼지를 씻어 내기 위해 물을 자주 마셔야 합니다. 셋째, 미세 먼지가 많은 날은 창문을 닫는 것이 좋습니다. 마지막으로 넷째, 과일이나 채소는 충분히 씻어서 먹어야 합니다.

하지만 미세 먼지의 위험에서 벗어나는 가장 좋은 방법은 바로 미세 먼지를 줄이는 것입니다. 이를 위해 우리는 일상에서 무엇을 할 수 있을까요? 첫째, 가까운 거리는 걸어 다니거나 자전거를 타면 좋습니다. 매연을 배출하지 않으면 미세 먼지도 감소하기 때문이지요. 자가용 대신 대중교통을 이용하는 것도 마찬가지입니다. 둘째, 쓰레기를 줄이고 **재활용**을 생활화해야 합니다. 쓰레기 처리 공장에서도 많은 미세 먼지가 발생하기 때문입니다. 셋째, 난방 온도를 낮추고 전기를 아껴서 사용하면 좋습니다. 발전소에서 에너지를 만들어 낼 때도 미세 먼지가 생기기 때문이지요. 마지막으로 넷째는 대기 중의 먼지를 걸러 내기 위해 나무를 심는 것입니다.

미세 먼지는 우리가 모르는 사이 건강과 환경에 큰 영향을 미칩니다. 깨끗한 공기를 유지하기 위한 작은 노력은 곧 우리와 미래 세대의 건강을 지키는 길입니다.

사고력을 키우는 어휘

- **분진** 공기 중에 섞인, 돌이 부서져 생긴 가루와 먼지
- **오염원** 환경 오염의 근원
- **㎛(마이크로미터)** 미터법에 의한 길이 단위로, 1㎛는 1m의 100만분의 1
- **mm(밀리미터)** 미터법에 의한 길이 단위로, 1mm는 1m의 1,000의 1
- **세계보건기구(World Health Organization, WHO)** 1948년 세계의 보건 상태 향상을 목적으로 설립된 국제연합의 한 기구
- **발암** 암이 생기게 함
- **산성비** 공장이나 자동차에서 나오는 가스의 오염 물질이 섞여 내리는 산성이 강한 비
- **재활용** 이미 사용한 물건을 가공해 다시 사용함

내용을 확인해요

✱ 빈칸에 설명에 맞는 단어를 찾아 써 보세요.

- 입자 지름이 10㎛ 이하인 먼지 (   )
- 중국이나 몽골 황토 지대에서 발생한 흙먼지 (   )
- 입자 지름이 2.5㎛ 이하인 먼지 (   )

✱ 설명을 읽고 맞는 것에는 O로, 틀린 것에는 X로 표기하세요.

- 미세 먼지의 입자 지름은 머리카락의 지름보다 작다. (   )
- 미세 먼지에는 해로운 성분이 있어서 건강을 해칠 수 있다. (   )
- 미세 먼지를 줄이려면 자동차를 많이 타고 다니는 편이 좋다. (   )

✱ 미세 먼지가 우리에게 미치는 영향을 세 가지 적어 보세요.

사고력을 높여요

✱ 그림책을 읽고 답해 보세요.

하나 ✿ 책 속에서 생각하기

- 청소할 때 환기를 위해 먼저 무엇을 했나요?
- 황사와 미세 먼지의 차이는 무엇인가요?
- 미세 먼지가 있는지 어떻게 알 수 있을까요?

둘 ❋ 나와 내 주변으로 생각 넓히기

· 미세 먼지가 생기지 않는 청소 방법은 무엇인가요?
· 미세 먼지로부터 우리를 지키는 방법은 무엇인가요?
· 미세 먼지를 줄이기 위해 우리가 할 수 있는 일은 무엇인가요?

✳ 미래에는 미세 먼지가 없어졌을까요, 아니면 더 심해져서 지금과 다른 세상으로 변했을까요? 25년 후를 상상해 그리고 그림을 설명해 보세요.

제목:
25년 후를 그려 보세요
어떤 그림인가요?

✳ 이야기하고 쓰면서 생각을 정리해 보세요.

하나 ❋ 옆 사람과 생각 나누기

미세 먼지 전용 마스크를 착용하는 것이 학교의 규칙이 되어야 할까요?

규칙이 되어야 한다

① 학생들의 건강을 지킬 수 있다.
몸에 나쁜 공기가 들어가는 것을 막을 수 있고, 학생 모두의 건강을 보호할 수 있기 때문이다.

② 건강을 관리하는 습관을 기를 수 있다.
미세 먼지의 위험성을 알고 스스로 건강을 관리하는 습관을 기를 수 있기 때문이다.

규칙이 되면 안 된다

① 마스크를 쓰는 것이 불편할 수 있다.
오랫동안 쓰면 숨쉬기가 어렵고 수업하거나 놀이할 때 방해될 수 있기 때문이다.

② 스스로 판단하고 대처하는 편이 좋다.
매일 미세 먼지 농도가 다르기 때문에 각자 필요할 때 마스크를 쓰는 것이 효과적이다.

둘 ❀ 나의 생각 적기

📖 더 읽어 봐요

《굴뚝 이야기》 리우쉬공 지음 | 김미홍 옮김 | 지양어린이
굴뚝을 만든 부자는 굴뚝에서 나오는 검은 연기 때문에 계속 기침을 합니다. 결국 굴뚝을 가난한 나라로 옮기고 더 많은 굴뚝을 만드는데, 전보다 더 많은 연기가 뿜어져 나와 온 세상이 망가집니다. 마을 사람들은 굴뚝 연기가 왜 해로운지 고민합니다. 가난한 사람들은 굴뚝 연기 문제를 어떻게 해결할까요?

《죽음의 먼지가 내려와요》 김수희 글·이경국 그림 | 미래아이(미래M&B)
미세 먼지로 인해 폐암에 걸린 한 중국 소녀의 실화를 바탕으로 한 이야기입니다. 노래를 잘 부르는 메이링은 여덟 살 여름부터 아프기 시작합니다. 어느 가을, 잘 달리기는커녕 숨쉬기도 힘들었던 메이링은 쓰러져 결국 폐암 판정을 받습니다. 언제나 뿌연 하늘을 보며 살아가는 사람들도 있습니다. 그들이 파란 하늘을 볼 수 있는 날이 올까요?

《탁한 공기, 이제 그만》 이욱재 지음 | 노란돼지
미세 먼지 문제가 더 심각해진 미래를 상상해 그린 이야기입니다. 사람들은 방독면을 쓰고 다니고 맑은 공기를 파는 사람이 등장합니다. 환경을 생각하고 소중한 자연을 지키기 위해 우리는 어떤 노력을 해야 할까요?

편리하다는 건
비겁한 변명이에요

창의 사고력 ★★★★☆
비판 사고력 ★★★★☆

《플라스틱 빨대가 문제야》 디 로미토 글·쯔위에 첸 그림

플라스틱 빨대는 어떻게 만들어졌을까요? 고대 수메르인은 음료수에 든 역겨운 물질을 피하기 위해 속이 빈 갈대를 음료에 꽂아 마셨다고 합니다. 그 후 수천 년 동안 세계 곳곳에 음료를 마실 때 쓰는 다양한 대롱이 나타났습니다. 지금 우리가 쓰는 현대식 빨대를 처음 만든 미국의 발명가 마빈 스톤은 연필에 종이를 감아 모양을 만들고 접착제로 종이를 붙인 뒤, 종이가 액체 속에서 흐늘흐늘해지지 않게 왁스로 코팅했습니다. 이후 종이 빨대보다 싸고 튼튼한 플라스틱 빨대가 만들어졌고, 지금은 세상 어디에서나 플라스틱 빨대를 흔하게 사용합니다. 그런데 플라스틱 빨대를 무분별하게 사용하는 것에 문제가 없을까요?

함께 생각해요

우리가 한 번 쓰고 버리는 일회용 플라스틱은 미생물에 분해되지 않기 때문에 흙에서 썩지 않습니다. 플라스틱은 오랜 시간 땅에 묻혀 토양을 오염시키고 바다로 흘러 들어가 바다 생물의 목숨을 위태롭게 만들어 생태계를 파괴합니다. 플라스틱으로 인한 환경 오염 문제를 어떻게 해결할 수 있을까요? 실천 방법을 알아보고 지구를 살리기 위해 행동해 봅시다.

일회용품은 '같은 용도에 다시 사용하는 것을 고려하지 않고 한 번 사용하도록 만들어진 제품'입니다. 음료를 마실 때 사용하는 종이컵과 빨대, 음식을 먹을 때 사용하는 플라스틱 접시와 수저 등이 이에 속하지요. 일회용품의 가장 큰 장점은 사용하기 편하다는 것입니다. 예를 들어 여럿이 모여 생일 파티를 할 때 일회용 접시와 컵을 쓰면 식사를 준비하기 쉬워집니다. 파티가 끝난 뒤에도 설거지할 필요가 없어 청소 시간이 절약되지요. 사람이 많이 모이는 장소에서는 **감염병** 예방 등 위생 관리를 위해 일회용품을 사용하기도 합니다. 가지고 다니기 쉬워 여행이나 캠핑을 다니며 외부에서 음식을 먹을 때 사용하기도 하지요.

　그런데 일회용품이 환경에 미치는 영향은 점점 심각해지고 있습니다. 가장 큰 문제는 늘어나는 쓰레기입니다. 한 번 쓰고 버리는 일회용품은 대부분 쓰레기가 되어 쌓이고, 제대로 처리되지 않으면 환경 오염을 일으킵니다. 쓰레기 처리 시설이 부족한 지역에서는 자연에 버려져 골칫거리가 됩니다. 일회용품의 주재료인 플라스틱이 자연에서 **분해**되려면 매우 오랜 시간이 걸리기 때문입니다. 잘 썩지 않아 환경을 파괴하고 자연 생태계를 위협하는 것이지요.

　태평양 한가운데에는 지도에 표시되지 않은 '플라스틱 섬'이 있습니다. 실제 섬이 아니라 플라스틱과 비닐 쓰레기가 모여 바다 위를 떠다니는 쓰레기 더미로, 면적이 상당히 넓어서 정말 섬처럼 보입니다. 이 쓰레기를 먹이로 **착각**한 바다 생물과 바닷새의 배 속에서 플라스틱 조각이나 비닐이 발견되기도 합니다. 우리가 버린 쓰레기가 동물들의 안전한 삶을 위협하고 심지어 목숨을 빼앗는 것이지요.

　어떻게 해야 일회용품 사용을 줄일 수 있을까요? 첫 번째 방법은 다회용 물건을 쓰는 것입니다. 물을 마실 때도 일회용 물병이나 종이컵 대신 텀블러나 컵을 이용하면 쓰레기를 버릴 일이 줄어듭니다. 두 번째 방법은 쓰레기 분리배출과 재활용을 하는 것입니다. 재활용은 다 쓴 물건 또는 버린 물건을 가공해 다시 쓰는 것을 말합니다. 재활용이 가능한 제품을 구매하고, 다 쓴 뒤에는 플라스틱과 유리, 알루미늄과 캔 등 품목별로 나누어 버리면 자원을 낭비하지 않고 다시 사용할 수 있습니다. 세 번째는 환경 교육과 캠페인에 참여하는 것입니다. 캠페인에 참여하면 일회용품 사용을 줄여야 한다는 의식이 높아지고 일상에서 실천할 수 있는 방법을 배울 수 있습니다. 이를 통해 환경 문제를 해결하는 데 **기여**할 수 있지요. 마지막 네 번째는 지속 가능한 소비 습관을 기르는 것입니다. 큰 변화는 작은 노력에서부터 시작됩니다. 우리가 일상에서 실천하는 작은 행동이 하나둘 모이면 지구를 보호하고, 미래 세대에게 깨끗한 환경을 물려주는 데 도움이 될 것입니다.

우리는 여전히 편리하다는 이유로 일회용품을 많이 사용합니다. 앞으로는 환경에 미치는 영향을 고려해 신중히 사용해 보면 어떨까요? 모두가 동참해 깨끗하고 건강한 지구를 만들기 위해 실천해야 할 때입니다.

사고력을 키우는 어휘
- **감염병** 병균이 몸에 옮아서 걸리는 병
- **분해** 한 부분 또는 여러 부분으로 되어 있는 것을 낱낱으로 나눔
- **착각** 무엇을 오해해 실제와 다르게 잘못 생각하거나 느낌
- **기여** 사회적인 사업에 도움을 줌

내용을 확인해요

✻ 빈칸에 들어갈 단어를 찾아 써 보세요.

같은 용도에 다시 사용하는 것을 고려하지 않고 한 번 사용하도록 만들어진 제품을 _____ 이라고 합니다.

✻ 다음 중 옳은 설명이 아닌 것은 무엇일까요?

① 종이컵, 플라스틱 접시, 플라스틱 빨대는 일회용품이다.
② 플라스틱은 자연에서 분해가 잘 되기 때문에 자주 사용해야 한다.
③ 사람이 많은 장소에서는 감염병의 위험을 줄이기 위해 일회용품을 사용한다.
④ 재활용은 다 쓴 물건을 가공해 다시 쓰는 것을 말한다.
⑤ 일회용품은 환경에 미치는 영향이 크기 때문에 신중히 사용해야 한다.

✻ 일회용품 사용을 줄일 수 있는 방법을 세 가지 적어 보세요.

사고력을 높여요

✻ 다음 질문에 답해 보세요.

하나 책 속에서 생각하기
- 5,000년 전, 고대 수메르인들은 어떤 문제로 고민했나요?
- 스트로(straw, 빨대)라는 이름은 어떻게 생겨났나요?
- 빨대 종류에는 어떤 것이 있나요?

둘 🌸 나와 내 주변으로 생각 넓히기

· 일회용 플라스틱 빨대를 사용하면 어떤 문제가 있을까요?
· 환경 오염을 일으키는 일회용 빨대 사용의 해결책은 무엇일까요?
· 환경 보호를 위해 일회용 플라스틱 빨대 대신 사용할 수 있는 물건은 무엇인가요?

✱ 일주일 동안 사용하는 일회용품을 조사해 적어 보세요.

월 ➡
화 ➡
수 ➡
목 ➡
금 ➡
토 ➡
일 ➡

✱ 이야기하고 쓰면서 생각을 정리해 보세요.

하나 🌸 옆 사람과 생각 나누기

일회용 물티슈 대신 천 물티슈를 사용하는 편이 좋을까요?

천 물티슈가 좋다

① 쓰레기를 줄일 수 있다.
일회용 물티슈는 한 번 쓰고 버리지만 천 물티슈는 세탁해 여러 번 사용하기 때문에 쓰레기를 버릴 일이 줄어든다.

② 비용이 덜 들어 경제적이다.
일회용 물티슈는 떨어지면 계속 구매해야 하고, 천 물티슈는 한번 사면 여러 번 사용할 수 있다.

일회용 물티슈가 좋다

① 사용하기 더 편리하다.
쓰고 바로 버리면 되는 일회용 물티슈와 달리 천 물티슈는 세탁해야 하기 때문에 사용하기 번거롭다.

② 더 위생적이다.
매번 새로 뽑아 쓰는 일회용 물티슈는 세균 감염의 걱정이 적지만 천 물티슈에는 세균이 남아 다른 곳을 닦을 때 옮을 수 있다.

둘 ✿ 나의 생각 적기

더 읽어 봐요

《바다를 병들게 하는 플라스틱》 시르시티 블롬, 예이르 빙 가브리엘센 지음 | 한소영 옮김 | 생각하는책상
플라스틱의 10%가 바다로 떠내려가고 있다고 합니다. 사람들의 편의를 위해 만든 플라스틱은 바다 생물의 생명을 위협할 뿐만 아니라 바다를 심각하게 오염시키고 있습니다. 바다를 살리기 위해 우리는 무엇을 할 수 있을까요?

《작은 종이 봉지의 아주 특별한 이야기》 헨리 콜 지음 | 비룡소
작가의 경험을 바탕으로 만들어진 이야기로, 작은 종이 봉지가 한 가족의 여러 세대에 걸쳐 재사용됩니다. 환경을 지키기 위해 우리가 일상에서 실천할 수 있는 일을 생각해 봅시다.

《지구를 구하는 쓰레기 제로 대작전》 시마 외즈칸 글·제이넵 외자탈라이 그림 | 고정아 옮김 | 토토북
선생님과 초등학교 5학년 학생들이 교실에서 나오는 쓰레기를 매일 기록하고 쓰레기 줄이는 방법을 찾아냅니다. 선생님은 '쓰레기 제로 운동'을 제안하며 아이들과 도전하는데, 1년 동안 어떤 변화가 일어났을까요?

내가 플라스틱을 먹고 있었다니!

창의 사고력 ★★★☆☆
비판 사고력 ★★★★☆

《찬란한 여행》 이욱재 지음

귀엽고 반짝이는 곰돌이 페트병은 사람들에게 짧게 사랑받고 버려져, 바다로 뜻하지 않은 여행을 떠나게 됩니다. 오랫동안 떠다니던 곰돌이 페트병은 어느 바다 위에서 자신과 비슷한 반짝이고 귀여운 친구들을 많이 만나지만 결국 온몸이 작게 부서져 바닷속으로 가라앉습니다. 곰돌이 페트병에서 떨어져 나온 작은 조각들은 다양한 방식으로 우리 주변 곳곳에 나타납니다. 우리에게 돌아온 작은 플라스틱 조각들은 어떻게 될까요? 작은 조각으로 돌아온 곰돌이 페트병의 여행은 제목처럼 찬란한 여행이었을까요?

함께 생각해요

곰돌이 페트병은 자신이 여행 중 보고 듣거나 만난 것을 이야기할 뿐, 미세 플라스틱 관련 문제나 우리가 해야 하는 일에 관해서는 이야기하지 않습니다. 책을 읽고 나면 우리는 곰돌이 페트병에서 떨어져 나온 미세 플라스틱이 앞으로 어디로 가게 될지 생각해 볼 수 있습니다. 미세 플라스틱은 바다 생물의 몸에 흡수되고, 비에 녹아들고, 공기 중으로 흩어져 다시 사람의 몸속에 쌓입니다. 우리에게 다시 돌아와 여러 문제를 일으키는 미세 플라스틱을 줄이기 위해 노력해야 하지 않을까요?

미세 플라스틱은 '플라스틱 제품이 분해되는 과정에서 생긴, 길이가 1nm보다 크고 5mm보다 작은 플라스틱'입니다. 처음 만들어졌을 때 플라스틱은 튼튼하고, 가볍고, 저렴한 비용으로 다양한 모양의 제품을 쉽게 만들 수 있는 마법의 재료였습니다. 사람들은 플라스틱으로 새로운 물건을 만들어 내고 쓰고 또 만들어 냈는데, 그 결과 플라스틱 쓰레기가 썩지 않고 계속 쌓이는 문제가 생겼습니다. 플라스틱이 저절로 없어지는 데는 무려 500년이라는 시간이 걸리기 때문입니다. 썩지 않고 계속 쌓이는 미세 플라스틱은 땅과 강, 바다로 흘러갔다가 비가 되어 땅으로 돌아오고 있습니다.

　미세 플라스틱은 우리 생활에 어떤 영향을 줄까요? 미세 플라스틱이 물과 공기를 통해 퍼지면 환경을 파괴하고 인간의 건강에 좋지 않은 영향을 줍니다. 플라스틱에는 환경 호르몬을 포함한 독성이 있습니다. 사람이 미세 플라스틱을 먹은 바다 생물을 섭취하면 결국 몸속에 미세 플라스틱이 쌓여 건강이 나빠집니다. 우리가 평소에 먹는 음식도 미세 플라스틱이 퍼진 흙과 물에서 자란 재료로 만들어지는데, 결과적으로 일주일 동안 플라스틱 신용카드 한 장씩을 먹는 것과 다름없다고 합니다.

　미세 플라스틱 문제를 해결하려면 무엇을 해야 할까요? 핵심은 플라스틱 재활용을 늘리고, 재활용 과정에서 발생하는 미세 플라스틱을 줄이는 것입니다. 이를 위해 첫째, 수많은 플라스틱 물건 사용을 줄이고 플라스틱을 대신할 재료를 개발해야 합니다. 둘째, 한 번 쓰고 버리는 일회용품 사용을 줄이고 재사용할 수 있는 제품을 사용해야 합니다. 여러 번 쓸 수 있는 용기를 가지고 다녀도 좋고, 일회용품을 깨끗하게 씻어 여러 번 쓰는 것도 좋습니다. 셋째, 플라스틱을 재활용할 수 있도록 분리배출합니다. 용기 안의 내용물을 비우고, 깨끗하고 헹구고, 섞이지 않게 분류해 버리면 다시 쓸 수 있습니다. 넷째, 미세 플라스틱 문제에 대한 사람들의 관심을 높이고 환경 보호에 대한 중요성을 알려야 합니다. 교육과 정보 제공을 통해 사람들이 플라스틱 사용이 미치는 영향을 이해하고 사용량을 줄이는 것에 적극 동참하도록 권장해야 하지요.

플라스틱 제품을 줄이려면 법과 규칙으로 규제해야 하기 때문에 국가가 해야 하는 일도 있습니다. 첫째, 플라스틱 재활용을 늘리는 정책과 제도, 재활용 시설을 만들어야 합니다. 둘째, 물과 공기에서 미세 플라스틱을 없애고 **정화**하는 기술과 시스템을 개발해야 합니다. 이를 위해 다양한 **필터링** 기술과 물 정화 시스템이 연구·개발되고 있습니다. 예를 들어 2019년, 프랑스는 세계 최초로 '2025년부터 판매되는 모든 세탁기에 미세 플라스틱을 거르는 **합성 섬유** 필터를 설치해야 한다'라는 내용의 법을 만들었습니다. 우리나라도 2017년부터 화장품과 치약, 세탁 세제와 섬유 유연제에 플라스틱 사용을 금지하고 있습니다. 마지막 셋째, 국가와 국제 기구 간 다양한 협력을 통해 세계적으로 미세 플라스틱을 줄이기 위한 효과적인 해결책을 만들어야 합니다.

이렇게 개인, 사회, 국가가 힘을 합쳐 노력한다면 미세 플라스틱의 발생량과 피해를 줄일 수 있지 않을까요?

사고력을 키우는 어휘
- **nm(나노미터)** 빛의 파장같이 짧은 길이를 나타내는 단위로, 1nm는 1m의 10억분의 1
- **정화** 더러운 것을 깨끗하게 함
- **필터링(filtering)** 기준에 따라 불필요한 것들을 걸러 내는 과정
- **합성 섬유** 석유, 석탄, 천연가스 등의 원료로 만든 화학 섬유

📝 내용을 확인해요

✱ 설명을 읽고 맞는 것에는 O로, 틀린 것에는 X로 표기하세요.

- 미세 플라스틱이 저절로 없어지려면 100년의 시간이 걸린다. ( )
- 미세 플라스틱은 사람의 몸에 쌓여도 별다른 영향을 주지 않는다. ( )
- 플라스틱을 분리배출할 때는 용기 안을 비우고, 깨끗하게 헹구어 분류한다. ( )
- 플라스틱 제품을 줄이기 위한 법이나 제도는 아직 만들어지지 않았다. ( )

✱ 미세 플라스틱이 우리 생활에 주는 영향이 아닌 것은 무엇일까요?

① 미세 플라스틱을 먹은 바닷속 생물들의 건강이 나빠질 위험이 있다.
② 미세 플라스틱은 물을 통해서만 사람이 사는 지역에 퍼지고 환경 오염을 일으킨다.
③ 바다 생물을 먹는 사람의 몸에 미세 플라스틱이 쌓여 건강이 나빠질 수 있다.
④ 우리는 흙과 물에서 자란 재료로 만든 음식을 통해 미세 플라스틱을 섭취하고 있다.
⑤ 미세 플라스틱은 환경과 생태계에 좋지 않은 영향을 줄 수 있다.

✱ 미세 플라스틱 문제를 해결하는 방법을 두 가지 적어 보세요.

📝 사고력을 높여요

✱ 그림책을 읽고 답해 보세요.

하나 🌸 **책 속에서 생각하기**

- 곰돌이 페트병은 사람들이 왜 짧은 순간만 자신을 좋아한다고 생각했을까요?
- 빗물에 섞여 내리는 미세 플라스틱은 그 후에 어떻게 될까요?
- "우린 사라지지 않아. 어딘가에서 찬란하게 빛나고 있을 거야"라는 말은 무슨 뜻일까요?

둘 ♣ 나와 내 주변으로 생각 넓히기

· 미세 플라스틱은 우리 건강에 어떤 영향을 줄까요?
· 일상생활에서 미세 플라스틱을 줄일 수 있는 방법은 무엇일까요?
· 미세 플라스틱 문제를 해결하기 위한 국가의 역할은 무엇일까요?

✼ 미세 플라스틱으로 6행시를 지어 보고, 책의 마지막 장면 후 미세 플라스틱이 어떻게 되었을지 상상해 보세요.

```
미
세
플
라
스
틱
```

✼ 이야기하고 쓰면서 생각을 정리해 보세요.

하나 ♣ 옆 사람과 생각 나누기

미세 플라스틱 문제를 해결하기 위해 플라스틱 제품 사용을 멈추어야 할까요?

계속 사용해야 한다	사용을 멈추어야 한다
① 플라스틱을 사용하지 않으면 불편해진다. 플라스틱이 우리 일상의 다양한 곳에서 사용되고 있어 당장 사용을 멈추면 불편해진다.	① 플라스틱 대체 재료를 사용한다. 비용이 많이 들더라도 플라스틱을 대신할 수 있는 물질로 제품을 만들어야 한다.
② 필터링 기술과 정화 시스템을 만들면 된다. 미세 플라스틱을 거르는 필터링 기술과 정화 시스템이 개발되면 미세 플라스틱으로 인한 나쁜 영향이 줄어든다.	② 법에 의한 규제가 필요하다. 꼭 필요한 경우가 아니면 플라스틱을 사용하지 않도록 규제하는 법을 만들어야 자연을 보호할 수 있다.

둘 나의 생각 적기

더 읽어 봐요

《플라스틱 수프》 김숙분 글·이소영 그림 | 가문비어린이
통통이에게 친구 앨버트로스가 보낸 도와 달라는 내용이 적힌 편지가 도착합니다. 통통이와 원숭이 의사 선생님은 앨버트로스가 아픈 이유가 엄마가 만든 수프 때문이라는 것을 알아냅니다. 싱싱한 물고기로 만든 이 수프에 무슨 문제가 있었을까요?

《플라스틱 섬》 이명애 지음 | 상출판사
어느 새가 사는 섬에는 알록달록한 것이 많습니다. 섬에 사는 생물들은 그것들이 무엇인지도 모른 채 가지고 놀기도 합니다. 그 새가 사는 섬은 어디일까요? 우리가 버리는 플라스틱 쓰레기가 다른 생물에게 어떤 영향을 주고 있는지 생각해 봅시다.

《미세미세한 맛 플라수프》 김지형, 조은수 글·김지형 그림 | 두마리토끼책
미세 플라스틱은 버려진 플라스틱에서 떨어져 나옵니다. 바다로 간 미세 플라스틱은 물고기를 거쳐 우리 식탁에 올라옵니다. 그리고 다시 사람들 몸속에 차곡차곡 쌓이는데, 결국 사람이 하나의 플라스틱으로 변하고 맙니다. 어떻게 하면 플라스틱 사용을 줄일 수 있을까요?

쓰레기도 다 버리는 방법이 있구나

창의 사고력 ★★★☆
비판 사고력 ★★★★☆

《재활용, 쓰레기를 다시 쓰는 법》 이영주 글·김규택 그림

댕댕이와 동동이, 고양이 치즈는 검정 비닐봉지 '쓰봉이'에 가득 든 쓰레기를 버리는 방법을 찾기 위해 모험을 떠납니다. 쓰레기봉투를 열어 보고 쓰레기 종류에 따라 버리는 방법을 하나둘 배우지요. 다 쓴 물건이라고 해서, 쓰레기라고 해서 무조건 버려야 하는 것은 아닙니다. 재활용해 다시 사용할 수도 있기 때문입니다. 주인공 친구들의 여정을 따라가며 종이와 캔, 유리와 플라스틱이 어떻게 재활용되는지, 왜 쓰레기 분리배출을 해야 하는지, 올바르게 재활용하는 방법은 무엇인지 배워 보면 어떨까요? 쓰레기를 재활용하는 재미있는 활동을 함께하며 직접 재활용을 실천해 볼 수도 있습니다.

함께 생각해요

어떤 물건을 다 쓰면 쓰레기통에 한번에 넣으면 될까요? 쓰레기를 버릴 때는 분리배출하는 방법을 정확하게 아는 것이 중요합니다. 재활용품은 어떤 방법으로 재활용될까요? 쓰레기라고 생각했던 물건을 다른 방법으로 사용하는 것이 가능할까요? 물건을 사기 전에 우리는 어떤 점을 고려해야 할까요? 지구를 지키기 위해 우리가 할 수 있는 일이 무엇일지 함께 생각해 봅시다.

쓰레기를 어떻게 버려야 하는지 생각해 본 적이 있나요? 쓰레기는 '쓸모가 없어서 버려야 할 물건'으로, 그 종류는 다양합니다. 우리나라는 20세기 후반 급격한 **산업화**와 **도시화**를 겪으며 심각한 쓰레기 문제에 직면했고, 사회적으로 효과적인 쓰레기 관리 **방안**이 필요하다는 인식이 커졌습니다. 이 때문에 1995년부터 쓰레기를 종류별로 나누어 버리는 쓰레기 분리배출이 전국적으로 **시행**됐지요. 쓰레기를 분리배출하면 어떤 점이 좋을까요?

　첫째, 환경을 지키는 데 큰 도움이 됩니다. 종이, 플라스틱, 유리병, 금속 등은 따로 나누어 버리면 쉽게 재활용할 수 있습니다. 재활용된 재료들은 다시 새로운 제품으로 만들어집니다. 예를 들어 깨끗하게 분리배출된 플라스틱병은 새로운 플라스틱 제품으로 변할 수 있습니다. 헌 종이도 새로운 종이 제품으로 만들어지지요. 이렇게 하면 쓰레기가 자연에서 오랜 시간 동안 분해되지 않고 쌓이는 문제를 줄일 수 있습니다. 둘째, 자원을 절약할 수 있습니다. 우리가 사용하는 물건을 만드는 데는 나무, 금속, 석유 등 많은 자원이 필요합니다. 종이 쓰레기를 재활용하면 나무를 덜 베어도 되기 때문에 숲이 파괴되는 것을 막을 수 있습니다. 또 플라스틱을 재활용하면 **원유**를 덜 쓰게 되어 화석 연료 소모로 인한 환경 오염을 줄일 수 있지요.

　쓰레기 분리배출을 할 때 어려운 점도 있습니다. 첫째는 분리배출이 번거롭고 복잡하게 느껴질 수 있다는 것입니다. 가정이나 학교에서 쓰레기를 분류하려면 쓰레기통을 여러 개 사용해야 하며 각각에 어떤 것을 버려야 하는지 기억해야 합니다. 처음에는 혼란스러울 수 있지만 분리배출을 제대로 하기 위해서는 시간이 필요합니다. 둘째는 분리배출을 제대로 하지 않으면 오히려 효과가 줄어든다는 점입니다. 예를 들어 기름이 묻은 플라스틱 용기를 닦지 않고 버리면 재활용할 때 문제가 생깁니다. 재활용할 수 없거나 한 번은 재활용되더라도 다음에는 품질이 떨어져 다시 쓸 수 없는 일반 쓰레기가 되지요.

분리배출의 네 가지 핵심은 '비운다' '헹군다' '분리한다' '섞지 않는다'입니다. 용기 안의 내용물 깨끗이 비우고, 이물질과 음식물은 닦거나 헹구어야 합니다. 라벨과 뚜껑 등 다른 소재의 부속물은 제거해 종류별·재질별로 구분해 배출해야 하지요. 정확한 방법으로 올바르게 버려야 재활용할 수 있다는 점을 기억해야 합니다.

분리배출은 우리가 살고 있는 지구를 지키고 자원을 아끼는 데 큰 도움이 됩니다. 핵심은 쓰레기 분리배출에 대해 이해하고 생활 속에서 실천하는 것입니다. 모두가 노력하면 더 깨끗하고 지속 가능한 환경을 만들어 갈 수 있습니다. 쓰레기 분리배출은 꾸준히 함께 실천해야 할 중요한 과제입니다.

사고력을 키우는 어휘

- **산업화** 온갖 산업과 기술의 발달로 사회의 생산 방식이 기계화됨
- **도시화** 도시로 변하거나 변화시킴
- **방안** 일을 해낼 방법이나 계획
- **시행** 공포한 법이나 제도를 실제로 행함
- **원유** 땅속에서 뽑아낸, 정제하지 않은 그대로의 기름

✅ 내용을 확인해요

✱ 빈칸에 알맞은 단어를 찾아 써 보세요.

지구를 지키기 위해서 쓰레기를 종류별로 나누어 버리는 _____ 을 합니다.

✱ 다음 중 옳은 설명은 무엇일까요?

① 용기는 내용물이 남아 있어도 분리배출이 가능하다.
② 이물질과 음식물은 닦거나 헹구어서 분리배출한다.
③ 라벨과 뚜껑 등 다른 재질의 부속물은 분리하지 않고 버려도 된다.
④ 물건을 다 쓰면 쓰레기통에 한번에 버리면 된다.
⑤ 종이 쓰레기는 재활용하기 어렵기 때문에 일반 쓰레기로 버린다.

✱ 쓰레기를 분리배출하면 좋은 이유를 두 가지 적어 보세요.

✅ 사고력을 높여요

✱ 그림책을 읽고 답해 보세요.

하나 책 속에서 생각하기

· 쓰레기란 무엇인가요?
· 재활용할 수 있는 물건은 무엇인가요?
· 철 캔과 알루미늄 캔을 쉽게 구분할 방법은 무엇인가요?

둘 ✿ 나와 내 주변으로 생각 넓히기

· 재활용 마크의 종류에는 어떤 것이 있나요?
· 종이를 아껴 쓰는 방법은 무엇인가요?
· 재활용할 수 없어 일반 쓰레기로 버려야 할 쓰레기에는 어떤 것이 있나요?

✱ 쓰레기 분리배출의 핵심과 방법을 적어 보세요.

✨ 분리배출의 핵심 네 가지 ✨

비 ○ ○　헹 ○ ○　분 ○ ○ ○　섞 ○ ○ ○ ○

분류	세부 품목	분리배출 방법
유리병	음료수병, 기타 병류	병뚜껑을 제거해 배출
플라스틱류		
페트병		
캔류		
비닐류		
종이류		

✱ 이야기하고 쓰면서 생각을 정리해 보세요.

하나 ❖ 옆 사람과 생각 나누기

쓰레기 분리배출은 환경 보호에 실질적인 도움이 될까요?

도움이 된다

① 재활용하기 쉬워진다.
플라스틱, 종이, 유리 쓰레기가 따로 모여 있어야 재활용 공장에서 잘 처리할 수 있다.

② 쓰레기가 줄어든다.
분리배출을 하지 않은 쓰레기는 자연에서 분해되기까지 오랜 시간이 걸리지만 분리배출을 하면 재활용이 가능해지기 때문이다.

도움이 되지 않는다

① 복잡하고 어려울 수 있다.
모든 종류의 쓰레기를 분리하려면 여러 개의 쓰레기통을 두어야 해서 어떤 쓰레기를 어디에 버려야 하는지 헷갈릴 수 있다.

② 재활용되지 않을 수 있다.
오염된 플라스틱 용기, 음식물이 묻은 종이는 재활용하기 어려워 일반 쓰레기로 분류된다.

둘 나의 생각 적기

📑 **더 읽어 봐요**

《쓰레기 괴물》 에밀리 S. 스미스 글·하이디 쿠퍼 스미스 그림 | 명혜권 옮김 | 맛있는책
온갖 쓰레기를 먹어 치우며 바다를 오염시키는 쓰레기 괴물 '골칫덩이'가 바다 동물들을 없애 버리기 위해 파티에 초대해 쓰레기를 먹입니다. 그때 무시무시한 기계 괴물이 나타나 바다 친구들을 괴롭히던 골칫덩이를 빨아들이는데, 과연 골칫덩이는 어떻게 될까요?

《보물이 된 쓰레기》 임덕연 글·김병남 그림 | 휴이넘
세라의 생일잔치에 사용한 일회용품과 선물 포장지, 상자가 쓰레기가 되어 가득 쌓입니다. 세라는 선물받은 귀걸이가 없어지자 엄마와 함께 쓰레기 하차장에 가서 버린 쓰레기봉투를 가져옵니다. 쓰레기봉투를 펼친 세라와 엄마는 어떻게 귀걸이를 찾게 될까요?

《쓰레기에 관한 쓸데 있는 이야기》 멜라니 라이블 글·릴리 리히터 그림 | 이기숙 옮김 | 씨드북
다양한 쓰레기 관련 지식을 담은 그림책입니다. 우리 주변에서 수시로 만들어지는 쓰레기를 어떻게 처리해야 할까요? 더 이상 쓰지 않으니 모두 버려야 할까요? 쓰레기를 처리하고 활용하는 법을 잘 아는 것도 지구를 지키는 작은 행동입니다. 미래의 지구 환경을 위해 지금부터 할 수 있는 작은 일을 함께 찾아봅시다.

5장 우리의 터전, 지구의 위기를 해결해요

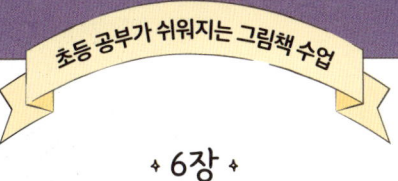

6장

과학이 바꿀 미래, 우리의 역할을 생각해요

힘들어도 어려워도 친환경 에너지!

창의 사고력 ★★★★☆
비판 사고력 ★★★★☆

《돌아갈 수 없는 집》 타오르디 지음

해변에서 원자력 발전소가 폭파된 후, 산과 바다는 그대로지만 주인공 소녀의 삶은 모든 것이 달라졌습니다. 대피소에는 늘 사람이 붐비고, 아침에 더는 신선한 우유를 먹을 수 없게 되었습니다. 먹을 것과 마실 물이 모두 방사능에 노출돼 위험할 수 있기 때문입니다. 밖으로 자유롭게 나갈 수도 없고, 사랑하는 강아지를 더 이상 만날 수도 없지만 소녀는 울지 않습니다. 내일이 어떻게 될지 모르지만 안전하게 자랄 수 있기를 바랄 뿐이지요. 소녀가 소중하게 여기던 많은 것을 빼앗아 간 원자력 발전소는 어떤 곳이고, 그곳에서 나온 방사능은 또 무엇일까요?

함께 생각해요

하루아침에 변한 소녀의 삶은 핵무기와 원자력 발전의 위험성을 이야기합니다. 우리를 둘러싼 환경이 하루아침에 달라진다면 얼마나 당황스러울까요? 보이지도, 만져지지도 않는 방사능으로 인해 삶의 터전과 가족을 잃은 사람들의 심정은 어떨까요? 핵폭발과 원자력 폭발로 유출되는 방사능은 전 세계로 퍼져 인간의 생명을 위협합니다. 지구촌 곳곳에서 일어나는 문제가 우리 삶과 관련된다는 사실을 알고 함께 해결하기 위해 관심을 기울여야 합니다. 인간과 자연이 공존할 수 있는 새로운 에너지 개발에 아이디어를 모아 보면 어떨까요?

원자력은 '**핵분열**과 **핵융합**이 일어날 때 만들어지는 에너지'로, 제2차 세계 대전 당시 군사적인 목적으로 개발됐지만 지금은 전 세계에서 널리 쓰이는 주요 에너지원으로 자리잡았습니다. 적은 연료를 **소모**해 막대한 양의 에너지를 얻을 수 있다는 것이 원자력 발전의 가장 큰 장점인데, 산업 발달에 따라 사람들의 생활 양식이 변화하면서 많은 에너지가 필요해졌기 때문입니다.

  하지만 핵분열 원자력 발전을 시작한 후로 러시아의 체르노빌과 일본의 후쿠시마 등 몇몇 발전소에서 폭발 사고가 일어나 인류에게 큰 문제가 되고 있습니다. 원자력 발전소가 붕괴되면 그곳에 있던 방사능이 누출됩니다. 방사능은 '핵분열로 인해 생기는 방사선 물질'로, 인체에 닿으면 신체 조직이나 기관의 기능이 손상됩니다. 몸의 70% 이상을 차지하는 물이 변화해 **세포**를 파괴하고, 유전자 돌연변이를 일으켜 암을 발생시키기도 하지요. 방사능이 섞인 폐수와 빗물은 토양, 해양 등을 오염시켜 생물과 생태계에 영향을 미칩니다.

  인간의 **윤택**한 삶과 지구 환경을 지킬 수 있는 에너지는 없을까요? 원자력 대체 에너지와 친환경 발전에 대한 연구는 지속적으로 늘어나고 있습니다. 친환경 에너지는 말 그대로 자연환경과 친한 에너지입니다. 자연 그대로의 순리를 따르기 때문에 환경에 **해악**을 끼치지 않지요. 하지만 친환경 에너지 발전만으로는 현재 인류가 사용하는 많은 전력 소비를 감당할 수 없습니다. 또 환경 보호를 외치는 사람들이 제안하는 태양열과 풍력 발전 등 대부분의 에너지 **충당** 방법을 실현하는 것도 어렵습니다. 에너지 발전을 하려면 관련 시설을 설치해야 하는데, 그곳에서 나오는 폐기물 이 오히려 환경을 파괴하는 경우가 많기 때문이지요.

  그럼에도 불구하고 수력·화력·지열·풍력·태양·해양 에너지에 대한 연구는 꾸준히 진행되고 있습니다. 특히 2011년 일본 후쿠시마 원자력 발전소 사고 이후, 원자력 발전을 반대하거나 더 나아가 즉각 폐기를 주장하는 시민 단체 등에서 풍력과 함께 가장 자주 언급하는 대안이 태양 에너지입니다. 환경을 해치지 않으면서 무제한 재생하기 때문에 현재 세계적으로 가장 활발하게 연구되고 있는 분야지요.

현재와 미래의 삶과 환경을 지키기 위해 지금 우리가 할 수 있는 일은 원자력 발전의 위험성과 대체 에너지의 필요성을 제대로 아는 것입니다. 독일은 학교 교육에서 원자력 에너지 문제를 범교과 주제로 다루며 원자력 발전에 대한 기초 정보를 제공하고 찬성과 반대에 대한 토론 수업을 진행한다고 합니다. 교육을 통해 아이들이 스스로 관점을 형성해 나가도록 하는 것이지요. 우리나라도 모두가 원자력 발전의 위험성을 알고 대체 에너지에 꾸준히 관심을 가지도록 가정과 학교 교육, 사회 캠페인 등을 통해 노력해야 하지 않을까요?

사고력을 키우는 어휘
- **핵분열** 원자핵이 많은 에너지를 방출하면서 두 개의 원자핵으로 분열하는 현상
- **핵융합** 가벼운 몇 개의 원자핵이 핵반응으로 결합해 무거운 원자핵이 되는 일
- **소모** 써서 없앰
- **세포** 모든 생명체를 구성하는 가장 작은 단위
- **윤택** 살림이 풍부함
- **해악** 해가 되는 나쁜 일
- **충당** 모자라는 것을 채워 메움

내용을 확인해요

✳ 친환경 에너지가 무엇인지 적고, 원자력을 대체할 새로운 에너지를 세 가지 이상 써 보세요.

친환경 에너지란?

원자력을 대체할 에너지로는 무엇이 있을까요?

✳ 원자력 발전소 폭발로 인한 방사능 노출의 결과가 아닌 것은 무엇인가요?

① 토양을 오염시킬 수 있다.
② 해양을 오염시켜 바다 생명에 영향을 줄 수 있다.
③ 인체의 세포를 변화시켜 암을 일으킬 수 있다.
④ 사람과 환경에 아무런 피해를 주지 않는다.
⑤ 방사성 낙진 등이 빗물에 섞여 땅에 떨어지면서 물을 오염시킬 수 있다.

사고력을 높여요

✳ 그림책을 읽고 답해 보세요.

하나 🌸 책 속에서 생각하기

· 산과 바다는 그대로였지만 무엇이 달라졌나요?
· 소녀는 왜 밖에 나가서 자유롭게 공을 찰 수도, 달리기를 할 수도 없었나요?
· 소녀가 원하는 것은 무엇인가요?

둘 🌸 나와 내 주변으로 생각 넓히기

· 원자력에 대해 알고 있는 사실은 무엇인가요?
· 후쿠시마 원자력 발전소 폭발 사고로 어떤 피해가 생겼을까요?
· 인간도 안전하고, 환경을 지킬 수 있는 친환경 에너지는 무엇일까요?

✽ 원자력 발전에 대한 SWOT 분석표를 완성해 보세요.

강점 S(Strength)	약점 W(Weakness)
원자력 발전의 긍정적 측면	원자력 발전의 부정적 측면

기회 O(Opportunity)	위협 T(Threat)
원자력 발전에 기회가 되는 외부 환경	원자력 발전에 문제가 되는 외부 환경

✽ 이야기하고 쓰면서 생각을 정리해 보세요.

하나 ✿ 옆 사람과 생각 나누기

원자력 발전을 계속해야 할까요?

계속해야 한다

① 효율적인 에너지 발전 방식이다.
화석 연료 발전에 비해 아주 적은 양으로 많은 에너지를 얻을 수 있다.

② 유지 비용이 적게 든다.
초기 설치 비용은 많이 들지만 설치 후에는 유지 비용이 적게 들어 경제적이다.

중단해야 한다

① 안전하지 않다.
원자력 발전소가 폭발해 방사능이 유출될 경우 전 세계가 엄청난 피해를 입는다.

② 방사능 폐기물을 처리하기 어렵다.
폐기물을 처리할 장소를 선정하기 어렵고, 선정하더라도 처리 비용이 많이 든다.

둘 🌼 나의 생각 적기

📑 더 읽어 봐요

《에너지 섬으로 놀러 오세요!》 앨런 드러먼드 지음 | 이충호 옮김 | 웅진주니어
친환경 에너지를 직접 만들어 쓰는 섬 사람들의 실화를 바탕으로 한 이야기입니다. 평범한 사람들도 조금만 지구 환경을 생각한다면 여러 가지 방법으로 친환경적인 삶을 살 수 있습니다. '누군가 하겠지' 하는 마음을 버리고, 지구를 위해 나부터 실천할 수 있는 작은 노력을 찾아봅니다.

《희망의 목장》 모리 에토 글·요시다 히사노리 그림 | 고향옥 옮김 | 해와나무
원자력 발전의 위험을 알리고 생명의 가치를 전하는 책입니다. 어느 날 갑자기 방사능에 노출된 소들을 데리고 재난으로 인해 인적이 끊긴 마을에서 묵묵히 자신의 할 일을 하는 농부의 이야기는 우리에게 '생명'에 대한 질문을 던집니다. 생명은 나와 어떤 관계가 있을까요?

《그게 나랑 무슨 상관이야!》 강지영, 김미선, 박영렬, 변귀화, 안현미, 최희민 글·원은희 그림 | 책구름
현직 교사들이 직접 쓴 이야기로 아이들의 시선으로 기후 변화의 모습을 바라봅니다. 아이가 뛰어놀고, 먹고, 생활하는 일상 속에서도 기후 변화는 서서히 다가옵니다. 벚꽃이 빠르게 피고, 사과와 배같이 원래 우리나라에서 자라던 과일들이 점점 사라집니다. 기후 변화와 환경 문제의 심각성은 나와 상관이 없을까요? 우리는 이대로 괜찮을까요?

기술 발전에는
큰 책임이 따라요

창의 사고력 ★★★★★
비판 사고력 ★★★★★

《완벽한 바나바》 테리 펜, 에릭 펜, 데빈 펜 지음

깊은 지하의 비밀 실험실, 그곳의 좁은 유리병 속에 살고 있는 바나바는 반은 생쥐를 닮고 반은 코끼리를 닮은 작고 독특한 생명체입니다. 이 실험실에는 다른 친구도 많지만 모두 유리병 밖으로 나가 본 적이 없습니다. 실험실에서는 '완벽한' 반려동물을 만드는 프로젝트가 진행되고 있으며, 바나바를 포함한 불완전한 동물들은 실패작으로 여겨지기 때문이지요. 바나바는 친구들과 함께 실험실에서 탈출을 시도해 여러 장애물을 극복하고 마침내 자유로운 세상으로 나갑니다. 바나바와 친구들은 왜 아무도 찾을 수 없는 실험실에서 태어나 갇혀 있어야 했을까요? 탈출한 바나바와 친구들은 앞으로 어떻게 살아가게 될까요?

함께 생각해요

현대 생명 공학의 중요한 부분을 차지하는 유전자 조작과 복제 기술은 우리의 삶과 환경에 큰 영향을 미치고 있습니다. 질병 치료, 농업 생산성 향상, 멸종 위기 동물의 보존 등 여러 분야에서 긍정적인 역할을 하지요. 단 이 과학 기술들을 사용할 때는 자연의 복잡한 균형을 고려하고, 윤리적 문제와 생태계에 미칠 영향을 충분히 검토해야 합니다. 발전된 기술을 사용하기 위해 우리가 가져야 할 생각과 태도는 무엇일까요?

사람을 비롯한 모든 생명체는 세포로 이루어져 있습니다. 세포에는 생명체의 특징을 결정하는 유전자가 들어 있는데, 유전자는 우리 몸의 모습과 기능을 정합니다. 모든 생물체의 피부색과 머리색, 키 같은 여러 가지 특성이 부모에게 물려받은 유전자에 따라 결정된다는 뜻이지요.

　과학 기술의 발달에 따라 유전자 조작과 복제 기술도 발전하고 있습니다. 유전자 조작은 '유전자 속 정보를 바꾸거나 추가해 유전자를 재구성하는 기술'입니다. 유전자 조작 기술은 식물이나 동물의 특성을 변화시켜 우리 생활에 도움을 줄 수 있습니다. 예를 들어 식물의 유전자를 조작해 **병충해**에 강한 작물, 더 많은 열매를 맺는 작물을 만들면 더 많은 식량을 수확할 수 있지요.

　복제는 '어떤 생물체와 똑같은 개체를 만드는 기술'입니다. 예를 들면 한 마리 양의 모든 유전자를 그대로 복사해 똑같은 양을 탄생시키는 것이지요. 복제 기술은 멸종 위기에 처한 동물을 보존하거나 농업에서 더 좋은 **품종**을 만들기 위해 사용할 수 있습니다. **생산성**이 높은 작물과 가축을 복제해 농축산물의 양과 질을 높일 수 있지요.

　유전자 조작과 복제 기술이 더욱 발전하면 질병을 치료하고 우리가 더 나은 환경에서 사는 방법을 찾는 데 큰 도움이 됩니다. 사람들의 유전자를 고쳐서 유전병을 치료할 수도, 식물의 유전자를 기후 변화에 잘 견디도록 바꾸어 식량 문제를 해결할 수도 있습니다. 하지만 이 두 기술은 반드시 윤리적 책임에 관한 여러 문제를 충분히 논의한 다음에 사용해야 합니다.

　첫 번째로 생명의 가치를 어떻게 정의할 것인지에 대한 고민이 필요합니다. 생명을 똑같이 복제하는 것이 과연 옳은 일인지, 복제된 생물체의 권리를 어떻게 보장할 것인지, 인위적으로 만들어진 생명체가 자연적인 생명체와 동등한 삶을 누릴 수 있는지에 대한 토론이 이루어져야 하지요. 두 번째로 예상치 못하게 발생할 수 있는 부작용이나 건강 문제를 확인해야 합니다. 예를 들어 유전자가 조작된 작물이 꿀벌과 바람을 통해 자연 식물과 **교배**하면 전에 없던 새로운 잡종 식물이 나타나 생태계를 **교란**할 수 있습니다. 생물의 유전적 다양성이 줄어들어 자연의 균형이 무너질 수도 있지요. 그렇기 때문에 많은 과학자가 유전자 조작의 안정성을 검토하고 있습니다. 세 번째로 이 기술들을 특정 집단과 국가만 독점하면 경제 발전 등 여러 분야에서 사회적 불평등이 심해질 수 있다는 점을 염두에 두어야 합니다. 마지막으로 네 번째, 인간 복제의 경우 개인의 권리와 자율성, 인격에 대한 문제, 복제된 개인의 권리와 사회적 지위에 대한 논의가 필요합니다.

과학 기술의 발전에 따른 풍요로운 삶을 누리고 싶다면, 이로 인해 발생할 수 있는 위험을 관리하고 책임지는 자세 역시 갖추어야 합니다. 오늘날 윤리적 책임과 관련한 문제들은 과학 기술 발전과 함께 지속적으로 논의되고 있으며, 사회 전반의 합의가 중요한 상황입니다.

사고력을 키우는 어휘

- **병충해** 식물에 병을 일으키는 세균이나 바이러스, 식물을 해치는 곤충
- **품종** 특정한 특징을 가진 동물이나 식물의 종류
- **생산성** 주어진 자원이나 시간으로 만들어 내는 결과물의 양
- **교배** 두 개체가 짝을 지어 새끼를 낳는 일
- **교란** 어떤 상황이나 질서를 어지럽고 혼란스러운 상태로 만듦

내용을 확인해요

✻ 세포 안에 들어 있어 생명체의 특징을 결정하는 것은 무엇인가요?

① 물　　② 단백질　　③ 유전자　　④ 비타민　　⑤ 탄수화물

✻ 유전자 조작과 복제 기술을 사용할 때 신중해야 하는 이유는 무엇인가요?

① 자연의 균형을 깨지 않기 위해
② 더 많은 동물을 복제하기 위해
③ 인간의 피부 색을 바꾸기 위해
④ 자연에서 생명체를 없애기 위해
⑤ 작물의 맛을 없애기 위해

✻ 유전자 조작과 복제 기술을 사용할 때 반드시 고려해야 할 윤리적 문제를 적어 보세요.

사고력을 높여요

✻ 그림책을 읽고 답해 보세요.

하나 ❀ 책 속에서 생각하기

· 바나바가 살던 실험실에서는 무슨 실험이 진행되고 있었나요?
· 탈출할 때 완벽한 반려동물 친구들에게 둘러싸인 바나바는 어떤 생각을 했을까요?
· 바나바와 친구들은 왜 바깥세상에서 살기 어려웠을까요?

둘 🌸 **나와 내 주변으로 생각 넓히기**

- 주변에서 유전자 조작이나 복제된 제품을 본 적이 있다면 어떤 제품이었나요?
- 유전자 조작으로 우리 생활의 어느 부분이 달라지거나 편리해졌을까요?
- 유전자 조작으로 나의 외모나 성격을 바꿀 수 있다면 어떤 부분을 바꾸고 싶은가요? 바꾼다면 장점과 단점은 무엇일까요?

✳ 동물과 식물을 각각 하나씩 고르고, 둘을 합해 만들 수 있는 것을 그려 보세요. 그 동식물을 선택한 이유와 특징, 만든 것의 특징도 적어 보세요.

동물을 그리세요	식물을 그리세요	무엇을 만들었나요?
선택한 이유와 특징	선택한 이유와 특징	만든 것의 특징

✳ 이야기하고 쓰면서 생각을 정리해 보세요.

하나 🌸 **옆 사람과 생각 나누기**

인간 복제는 과학의 발전을 위해 꼭 필요한 기술일까요?

꼭 필요하다

① 많은 생명을 구할 수 있다.
선천적 장애와 난치병, 희귀병, 사고 등으로 장기 이식이 필요한 사람들에게 심장과 간 등을 복제해 줄 수 있다.

② 여러 질병을 치료할 수 있다.
세포를 복제하면 치매, 탈모, 피부 질환 등 다양한 질병을 치료할 수 있다.

꼭 필요하지 않다

① 도덕적 문제가 있다.
복제된 인간이 우리와 같은 권리를 가질 수 있는지, 그들의 감정과 생각이 존중될 수 있는지에 대한 논의가 먼저다.

② 자연의 균형이 깨질 위험이 있다.
스스로 생물의 개체 수를 조절하는 생태계의 법칙을 망가뜨릴 위험이 있다.

둘 · 나의 생각 적기

더 읽어 봐요

《씨 없는 수박은 어떻게 심어?》 이반 에두아르도 무뇨스 글·알베르토 몬트 그림 | 김지애 옮김 | 라임

우리가 먹는 과일과 채소, 곡식이 어떤 진화를 거쳐서 지금 우리의 식탁에 오게 되었는지 이야기합니다. 귀엽고 재미있는 그림을 통해 12가지 농작물과 야생 식물에 대한 과학 지식을 쉽게 배울 수 있습니다. 유전자 조작, 종자 은행, 미래 식량에 대한 정보를 통해 우리가 먹는 음식과 다양한 생명이 존재하는 지구에 대한 윤리적 책임을 생각해 봅시다.

《알록달록 색깔 공장》 에릭 텔친 글·디에고 펑크 그림 | 루이제 옮김 | 에듀앤테크

알록달록 색깔 공장에서는 세상 모든 것에 입힐 수 있는 색깔을 만듭니다. 완벽한 색깔 복제기로 진짜 초콜릿과 똑같은 색을 만들어 내지요. 어느 날 막대 사탕에 입힐 색깔을 만들던 중에 사고가 일어납니다. 앞으로 색깔 공장은 어떻게 될까요? 색깔의 조화와 다양성을 이해하고, 복제 기술이 가져올 수 있는 가능성과 윤리적 문제를 생각해 봅시다.

《유전의 비밀》 박병철 글·김민우 그림 | 휴먼어린이

엄마와 아빠의 특징을 닮는 자녀들에게는 어떤 비밀이 있을까요? 유전에 대해 연구하는 과학자들의 발자취를 따라가며 신비로운 세포 분열과 DNA 복제 과정, DNA 구조 등의 과학 개념을 배워 봅시다. 유전의 비밀을 알아 가며 유전과 복제, 과학 발전과 앞으로의 전망에 대해 생각해 볼 수 있습니다.

코로나19보다 강력한 바이러스가 온다면?

창의 사고력 ★★★☆
비판 사고력 ★★★★☆

《내가 바로 바이러스》 허은실 글·김현영 그림

"나 찾아봐라!"라고 외치며 등장한 바이러스는 자랑스럽게 자기 소개를 시작합니다. 사람들 눈에 보이지 않을 만큼 작고 종류와 모양이 다양하며, 펄펄 끓는 물과 꽁꽁 언 얼음이 있는 척박한 환경에서도 존재한다고 말이지요. 또 바이러스의 오랜 역사를 설명하며 자신들은 변이를 거듭하기 때문에 지구에서 모든 생명체가 사라져도 살아남을 것이라고 호언장담합니다. 그러니 바이러스를 싫어하거나 무서워하지 말고 함께 살아가자고 제안하는데, 과연 우리는 바이러스와 함께 살아가며 건강하게 생활할 수 있을까요?

함께 생각해요

사람들은 보통 바이러스를 생명을 위협하는 위험한 존재로 생각합니다. 그런데 이 그림책 속 바이러스는 "대부분의 바이러스는 사람이나 동물의 몸속에서 얌전히 지내! 그렇지만 사람들이 동물들을 사냥하고 우리의 보금자리를 망가뜨리면 화가 나!"라고 말합니다. 나쁜 바이러스가 태어나는 이유가 정말 사람들이 바이러스들의 질서를 해쳤기 때문일까요? 인간과 자연, 바이러스가 공존하며 살아갈 방법에 대해 생각해 봅시다.

2020년 코로나19 바이러스로 전 세계가 **유례없는 팬데믹**을 겪었습니다. 수많은 사람이 병에 걸려 생명을 잃거나 아파했고, 마스크를 써야 외출할 수 있었지요. 한동안은 여럿이 모이기조차 어려웠습니다. 이렇게 사람들의 생활에 큰 영향을 주는 바이러스는 대체 무엇일까요?

　전자 현미경으로만 관찰할 수 있는 바이러스는 '작다'라는 뜻의 라틴어 '비루스(virus)'에서 이름을 따왔을 정도로 매우 작은 **미생물**입니다. 막대나 공 모양의 단순한 형태이며 **핵산**과 이를 둘러싼 단백질 껍질로 이루어져 있지요. 스스로 먹이를 구하거나 번식하지 않고, 다른 생물의 몸에 들어가 살며 자신을 순식간에 엄청난 속도로 복제해 **증식**합니다. 종류도 독감을 일으키는 인플루엔자 바이러스, 간 기능을 떨어뜨리는 B형 간염 바이러스 등으로 매우 다양합니다. 우리가 자주 걸리는 감기도 바이러스가 원인이지요.

　바이러스는 우리 몸에 들어와 증식하면서 건강한 세포를 파괴해 병을 일으키는데, 이를 '감염'이라고 합니다. 바이러스에 감염되면 몸의 세포가 정상적으로 기능하지 못해 열이 오르거나 기침이 납니다. 하지만 대부분의 바이러스는 생물체의 건강에 큰 문제를 일으키지 않습니다. 오히려 인간을 위험에 빠뜨리는 바이러스는 일부에 불과하지요. 사실 바이러스는 우리와 30억 년이 넘도록 함께 살아왔고, 앞으로도 함께할 것입니다. 그렇다면 어떻게 해야 우리의 건강을 지키면서 바이러스와 공존할 수 있을까요?

　첫 번째 방법은 예방 접종입니다. 우리는 바이러스에 감염되면 **항바이러스제**, 다른 말로 '백신(vaccine)'이라고 부르는 예방 주사를 맞아 신체의 면역력을 높입니다. 백신은 매우 약해진 바이러스로 만든 약물입니다. 예방 주사를 맞으면 우리 몸이 백신 속 바이러스를 기억해, 나중에 같은 바이러스가 침입하지 못하게 막을 수 있지요. 하지만 바이러스는 끊임없이 **변이**하기 때문에 이에 맞추어 새로이 개발된 백신을 맞아야 합니다. 우리가 매년 독감 예방 접종을 하는 이유이기도 하지요.

두 번째 방법은 방역 수칙을 준수하는 것입니다. 손을 자주 씻고 기침과 재채기를 할 때 입과 코를 가리는 개인 위생 수칙을 지키면 바이러스가 퍼질 확률이 줄어듭니다. 감염병이 유행할 때는 사람들과의 접촉을 최소화해 감염 위험을 낮추고, 증상이 나타나면 즉시 의료 기관에 방문해 적절한 진단과 치료를 받아야 합니다.

세 번째 방법은 생활 습관을 개선해 면역력을 강화하는 것입니다. 적당한 운동과 하루 7~9시간의 충분한 수면은 면역력을 높이는 데 도움이 됩니다. 영양소와 미네랄, 비타민이 풍부한 음식을 섭취하는 것도 효과적이지요. 명상 같은 취미 활동으로 심리적 안정을 유지해 면역력을 떨어뜨리는 스트레스도 해소해야 합니다.

인간이 지속적으로 지구 환경을 파괴해 기후가 변화하면서 코로나19 같은 새로운 바이러스가 등장할 가능성이 커졌습니다. 전 세계적으로 사람과 물자의 이동이 활발해지면서 바이러스의 전파 속도도 빨라졌지요. 즉 언제 새로운 변이 바이러스가 나타나 인류를 위험에 빠트릴지 알 수 없는 환경이 되었습니다. 우리는 미래의 바이러스 위협에 효과적으로 대응하기 위해 항상 바이러스에 관심을 두고 연구해야 하며, 바이러스와 공존하는 다양한 방법을 생각해야 합니다.

사고력을 키우는 어휘

- **유례없는** 같거나 비슷한 예가 없는
- **팬데믹(pandemic)** 전염병이 전 세계적으로 크게 유행하는 현상
- **미생물** 세균, 효모, 바이러스 등 눈으로는 볼 수 없는 아주 작은 생물
- **핵산** 단백질 합성과 생물의 생명 유지에 중요한 역할을 하는 유전 물질로, DNA와 RNA로 나뉨
- **증식** 늘어서 많아짐
- **항바이러스제** 몸 안에 침입한 바이러스의 작용을 약화하거나 죽이는 약
- **변이** 모양이 바뀌고 성질이 변함

내용을 확인해요

* 설명을 읽고 맞는 것에는 O로, 틀린 것에는 X로 표기하세요.
   - 바이러스는 우리 몸에 들어와 증식하면서 건강한 세포를 파괴하기도 한다. (   )
   - 감기, 독감, B형 간염, 장염 등은 바이러스에 감염돼 생기는 병이다. (   )
   - 바이러스라는 이름은 작다는 뜻의 라틴어 '비루스'에서 따왔다. (   )
   - 인간과 바이러스는 공존할 수 있다. (   )

* 바이러스의 특징으로 옳지 않은 것은 무엇일까요?

   ① 크기가 너무 작아서 우리 눈으로 볼 수 없고 전자 현미경으로만 볼 수 있다.
   ② 유전 물질인 핵산을 가지고 있으며 모양이 여러 가지다.
   ③ 스스로 먹이를 구하지 않고 다른 생물의 몸에 들어가 증식한다.
   ④ 바이러스는 계속 변이를 하며 치료와 예방을 어렵게 한다.
   ⑤ 모든 바이러스가 생물의 몸에 들어가 큰 문제를 일으킨다.

* 바이러스로부터 우리를 지키는 방법을 두 가지 이상 적어 보세요.

사고력을 높여요

* 그림책을 읽고 답해 보세요.

   하나 🌼 책 속에서 생각하기
   - 바이러스는 어디에서 살고 있나요?
   - 변종 바이러스는 왜 더 독해질까요?
   - 바이러스가 오래 살 수 있는 이유는 무엇일까요?

둘 🌸 나와 내 주변으로 생각 넓히기

· 우리는 왜 바이러스와 공존해야 할까요?
· 바이러스는 왜 계속해서 변이하며 살아갈까요?
· 무서운 바이러스를 물리치는 방법은 무엇일까요?

✱ 미래에는 무슨 바이러스가 나타날까요? 어떤 모습일지 상상해 그리고, 바이러스의 특징을 설명해 보세요.

미래의 바이러스를 그려 보세요	어떤 특징을 가지고 있나요?

✱ 이야기하고 쓰면서 생각을 정리해 보세요.

하나 🌸 옆 사람과 생각 나누기

인류의 생존을 위협하는 바이러스를 극복할 수 있을까요?

극복할 수 있다

① 바이러스는 더 이상 공포의 대상이 아니다.
과학 기술의 발전으로 바이러스 질병의 치료제와 예방할 수 있는 백신이 계속 개발되고 있다.

② 면역력을 높이고 방역 수칙을 지키면 된다.
우리 몸에는 백혈구, 항체 등으로 이루어진 면역 체계가 있어 바이러스가 몸에 들어온다고 무조건 병에 걸리지는 않는다. 방역 수칙을 잘 지키면 감염병도 충분히 예방할 수 있다.

극복할 수 없다

① 바이러스 진화 속도가 지나치게 빠르다.
우리가 새로운 백신과 치료제를 개발하는 속도보다 바이러스가 환경의 변화에 맞추어 진화하는 속도가 더 빠르다.

② 바이러스 전파 속도가 빨라졌다.
아파트 등의 인구가 밀집된 주거 형태, 교통수단의 발달, 기후 변화 등으로 확산 속도가 빨라져 순식간에 지구 전체로 퍼질 수 있다.

둘 ✿ 나의 생각 적기

📑 **더 읽어 봐요**

《지구 어디에나 있는 바글바글 바이러스》 권오준 글·정문주 그림 | 한솔수북
바이러스가 무엇인지 설명하며 바이러스가 나쁘기만 한 존재가 아니라는 사실을 말해 줍니다. 바이러스에 대한 막연한 두려움에서 벗어나는 방법, 바이러스로 인한 감염병을 막는 방법도 알려 주지요. 나의 건강을 지키는 일이 왜 가족과 친구, 이웃을 위하는 일인지도 배울 수 있습니다.

《바이러스 빌리》 하이디 트르팍 글·레오노라 라이틀 그림 | 이정모 옮김 | 위즈덤하우스
코감기 바이러스 '빌리'의 입장에서 바이러스가 우리 몸에 어떻게 들어오고, 몸속에서 어떤 일을 하는지 알 수 있습니다. 빠르게 모양과 성질을 바꾸어 순식간에 퍼지는 빌리 때문에 사람들은 예방 주사를 만드는 데 어려움을 겪습니다. 쉽게 변이하는 감기 바이러스에 감염되지 않으려면 평소에 어떻게 해야 할까요?

《마스크 벗어도 돼?》 과학을 위한 여성 과학자 모임 글·마리오나 톨로사 시스테레 그림 | 남진희 옮김 | 그레이트북스
바이러스를 다양한 모양과 색깔로 표현해 바이러스가 어떻게 생기고 증식하는지, 바이러스가 어떤 힘을 가지고 있는지 등을 엿볼 수 있습니다. 몸속 면역계와 자연환경은 바이러스와 어떤 관계를 맺고 있을까요? 지구에 사는 모든 생물과 바이러스가 공존해야 한다는 것을 깨닫고, 그 방법에 대해 고민해 봅시다.

인공 지능에
내 삶을 빼앗길 순 없어!

창의 사고력 ★★★★☆
비판 사고력 ★★★★☆

《포니》 김우영 지음

인공 지능과 함께 살아가는 세상에서 주인공 미지는 무엇을 할 수 있을까요? 미지는 세상에서 가장 똑똑한 스마트폰 포니와 함께 살고 있습니다. 포니는 미지가 무엇을 좋아하는지 가장 잘 알고 있고, 미지는 포니가 알려 준 대로 먹고, 학교에 가고, 놀이를 합니다. 포니가 하라는 대로 하면 늘 잘되고 실수하지 않았지요. 그런데 어느 날 모든 것이 엉망이 되어 버립니다. 왜 이런 일이 생겼을까요? 미지는 자신의 모든 행동을 감시하고 명령하는 포니를 내려놓고 하나둘 스스로 할 수 있는 일을 찾습니다. 드디어 포니의 간섭 없이 혼자 학교에 가는 미지의 발걸음이 당당해 보입니다.

함께 생각해요

우리는 일상의 다양한 분야에서 인공 지능을 활용합니다. 공부할 때, 휴식을 취할 때, 이동할 때, 식사를 할 때 여러모로 편리한 도움을 받지요. 그런데 전자 기기에 지나치게 의존하면 오히려 일상생활을 하는 데 어려움이 생깁니다. 과도한 정보를 받아들이면 정신이 피로해지고, 메신저나 모바일 게임을 많이 하면 중독되기 때문이지요. 손에 스마트폰이나 태블릿 PC가 없을 때 초조함을 느낀다면, 내 일상을 되찾기 위해 인공 지능을 효과적으로 활용할 방법을 찾아야 할 때입니다.

인공 지능(Artificial Intelligence, AI)은 21세기의 혁신적인 과학 기술 중 하나로, '인간의 지능을 모방해 문제를 해결하거나 작업을 수행하는 기술'을 말합니다. 다양한 분야에서 우리의 능력을 보조하는 인공 지능은 삶과 사회 전반에 걸쳐 깊은 영향을 미치고 있으며, 변화와 새로운 도전의 기회를 동시에 가져왔습니다.

　인공 지능은 대량의 자료를 빠르고 정확하게 분석하며, 반복적·규칙적인 작업을 자동으로 수행한다는 강점이 있습니다. 이 능력을 활용하면 의료 분야에서 많은 양의 환자 데이터를 빠르게 살펴 진단할 수 있고, 금융 분야에서 각종 거래 유형을 분석해 **사기** 수법을 찾아낼 수 있습니다. 이 외에 다양한 분야에서 **자동화**로 인간의 오류를 줄이고 효율성과 생산성을 크게 높일 수 있습니다.

　또한 인공 지능은 24시간 작동해도 피로를 느끼지 않아 휴식할 필요가 없습니다. 예를 들어 기업의 고객 지원 챗봇은 언제든지 고객의 질문에 응답할 수 있어 고객 만족도를 높이는 데 기여합니다. 사람들의 다양한 언어와 작업 환경에 맞추어 전 세계적인 작업에도 활용됩니다. 다른 언어를 쓰는 사람이 모인 국제 무역 회의에서 자동 통역 또는 번역 기능으로 큰 도움을 주고 있지요.

　한편 인공 지능의 한계에 대한 논의도 활발하게 이루어지고 있습니다. 인간은 뛰어난 적응력과 여러 상황에서 **유연**하게 사고하고 문제를 해결하는 능력을 지녔지만 인공 지능은 한계가 있습니다. 예를 들어 자율 주행 자동차는 이미 학습한 도로 환경에서는 탁월한 **성능**을 발휘하지만 새로운 도로 상황에 놓이면 예기치 못한 오류를 일으킬 수 있습니다. 특정 작업에만 **최적화**돼 있다는 뜻이지요.

　교육 분야에서도 인공 지능을 활용한 프로그램을 꾸준히 개발하고 있습니다. 인공 지능을 이용하면 교사들이 학생 개개인의 학습 스타일과 진도에 맞추어 교육할 수 있기 때문입니다. 예를 들어 학습 분석 시스템을 사용하면 학생의 성과를 분석해 맞춤형 학습 자료와 과제를 제공할 수 있습니다. 아이들이 쓴 글을 분석해 **피드백**을 제공하고 수학 문제의 풀이 과정을 평가하는 데도 유용합니다. 인공 지능이 시험 채점과 과제 평가를 대신한다면, 교사들이 학생들과의 상호 작용과 학습 방법 개발에 더 많은 시간을 쏟을 수 있어 교육의 질을 높이는 데 큰 도움이 될 것입니다.

하지만 인공 지능을 활용할 때는 반드시 기억해야 할 주의점이 있습니다. 인공 지능에게 많은 도움을 받을 수는 있지만 인공 지능의 역할은 거기까지일 뿐이라는 것이지요. 나와 우리, 즉 사람의 역할을 대체하지 못한다는 뜻입니다. 친구와 대화하고 감정을 나눌 때, 사회에 원하는 바를 요구할 때, 어떤 일을 할지 말지 결정할 때 생각을 정리하고 판단하는 역할은 결국 나의 몫이라는 점을 늘 떠올리기 바랍니다.

사고력을 키우는 어휘
- **사기** 못된 꾀로 남을 속임
- **자동화** 기계나 장치 따위가 사람의 힘을 빌리지 않고 스스로 움직이거나 작용함
- **유연** 부드럽고 연함
- **성능** 어떤 물건이 지닌 성질과 능력
- **최적화** 그 목적에 가장 알맞은 적절한 계획으로 설계됨
- **피드백(feedback)** 결과가 목적에 부합하는지 확인하고 되돌려 보내 적절한 상태가 되도록 수정하는 일

내용을 확인해요

* 일상에서 인공 지능을 활용할 때 좋은 점(장점)과 한계(단점)를 찾아 쓰세요.

좋은 점(장점)	한계(단점)

* 인간이 인공 지능에 비해 더 뛰어난 능력을 모두 고르세요.

① 예기치 못한 새로운 환경에서 유연하게 대처하는 능력
② 스스로 판단하고 결정하는 문제 해결 능력
③ 친구와 감정을 나누고 대화하는 능력
④ 많은 양의 정보를 빠르게 분석하고 해석하는 능력
⑤ 사회에 원하는 바를 요구하는 능력

* 인공 지능을 활용할 때 주의해야 할 점은 무엇일까요?

사고력을 높여요

* 그림책을 읽고 답해 보세요.

하나 책 속에서 생각하기

- 미지는 왜 배가 아팠을까요?
- 미지가 포니 안에 있는 알들을 보고 놀란 이유는 무엇인가요?
- 포니는 미지의 기분이 좋지 않을 때 어떤 방법을 알려 주었나요?

둘 🌼 나와 내 주변으로 생각 넓히기

- 다른 사람이 시키는 대로만 행동하면 어떤 어려움이 있을까요?
- 스마트폰 같은 특정한 물건에 빠져서 절제하지 못한 경험이 있나요?
- 인공 지능이 점점 발전한다면 미래 우리 사회는 어떻게 될까요?

✱ 학원 갈 시간을 알려 주는 앱, 공부 집중을 도와주는 앱 등 인공 지능을 활용한 다양한 학습 보조 앱이 개발되고 있습니다. 여러분에게는 어떤 앱이 필요한가요? 앱 아이콘을 그리고 어떤 앱인지 설명해 보세요.

앱 아이콘을 그려 보세요	어떤 도움을 주는 앱인가요?

✱ 이야기하고 쓰면서 생각을 정리해 보세요.

하나 🌼 옆 사람과 생각 나누기

초등학생이 인공 지능(챗GPT)의 도움을 받아 학습하는 것을 금지해야 할까요?

금지해야 한다

① 제대로 된 학습이 이루어지지 않는다.
아직 문제 해결 능력과 비판적 사고 능력이 완성되지 않았기 때문에 수업을 이해하거나 스스로 판단하는 데 어려움을 겪을 수 있다.

② 사회성 발달을 저해한다.
인간 교사처럼 감정적인 상호 작용을 할 수 없으므로, 정서적·사회적 발달이 중요한 초등 단계에 활용하기 부적절하다.

허용해야 한다

① 학습에 대한 흥미를 끌어올릴 수 있다.
인공 지능 교사가 학생들의 수준에 맞는 맞춤형 교육을 해 주면 수업이 재미있고 흥미로워져 학생들이 적극적으로 참여한다.

② 언제 어디서든 학습할 수 있다.
학생이 원하는 학습 지원을 24시간 언제든지 받을 수 있어 시간과 장소에 구애받지 않고 공부할 수 있다.

둘 ✿ 나의 생각 적기

📖 **더 읽어 봐요**

《로봇: 인공지능 시대, 로봇과 친구가 되는 법》 나타샤 셰도어 글·세브린 아수 그림 | 이충호 옮김 | 길벗어린이
로봇은 공장과 병원, 학교에서 사람을 대신해서 중요한 일을 처리합니다. 이대로 가면 로봇이 인간을 대신하게 되지 않을까요? 이 책은 이러한 걱정과 궁금증을 해결해 줍니다. 로봇에 관한 부정적인 생각을 바로잡고 로봇과 인간이 친구처럼 함께 살아갈 수 있는 방법을 생각해 봅시다.

《로봇과 친구가 되는 법》 하르멘 반 스트라튼 지음 | 유동익 옮김 | 푸른숲주니어
어느 날 로봇이 빨간색 하트가 그려진 편지를 발견합니다. 난생처음 손 편지를 받은 로봇은 편지를 쓴 주인공을 찾기 위해 세상 이곳저곳을 구경하면서 생쥐, 고양이, 해적, 인형, 금붕어 등 자신과 다른 다양한 존재를 만납니다. 과연 로봇은 편지를 쓴 상대를 찾아 친구가 될 수 있을까요?

《인공지능 산타 로봇》 김호남 지음 | 센트럴라이즈드
아픈 산타 할아버지를 대신해 전 세계 아이들에게 선물을 나누어 줄 인공 지능 산타가 등장합니다. 이 외에도 썰매를 끌 루돌프 로봇부터 거대해진 썰매, 아이들의 집까지 직접 선물을 나를 루돌프 드론까지 다양한 종류의 첨단 인공 지능 기계가 등장하지요. 어쩌면 가까운 미래에는 인간이 필요 없어지지 않을까요?

세계는 지금 우주 탐험 중!

창의 사고력 ★★★☆
비판 사고력 ★★★☆

《한눈에 펼쳐 보는 태양계와 탐사 로켓》
샘 스미스 글·피터 도넬리 그림

© 2020 Usborne Publishing Limited.

1m가 넘는 병풍 책의 형태로, 여덟 장의 책장을 접었다 펴며 거대한 태양계와 그곳을 탐사하는 신기한 탐사 로켓을 만날 수 있습니다. 책장을 쭉 펼치면 인류가 우주에 대해 알아내기 위해 보낸 우주 망원경, 국제 우주 정거장, 탐사선 등이 나옵니다. 앞면에서는 태양계와 탐사 로켓의 이름, 태양과 행성 간 거리, 여러 행성의 크기 등을 한눈에 볼 수 있습니다. 뒷면에는 낱말 풀이, 행성의 지름, 온도 등의 태양계 여러 천체에 대한 자세한 설명이 적혀 있지요. 태양과 각각의 천체가 모여 하나의 태양계를 이루듯, 끊임없이 연결되는 거대한 우주에 대한 호기심과 흥미를 일으키고 탐구 의지를 북돋아 줍니다.

함께 생각해요

우주 탐사는 왜 필요할까요? 우주에서 새로운 행성이나 자원을 발견하면 지구의 자원 부족 문제를 해결할 수 있기 때문입니다. 인류에게 새로운 터전이 필요하다는 이유도 있습니다. 기후 위기가 지속되면 지구의 환경이 바뀌어 생명체가 살지 못할 수 있기 때문이지요. 우주는 인류와 지구만 존재하는 공간이 아닙니다. 내가 탐사하고 싶은 곳을 골라 탐사하는 상상을 하며 우주 전체를 보는 시야를 넓혀 봅시다.

천문학적 의미에서 우주란 '모든 천체와 모든 물질, 에너지를 포함한 시공간'입니다. 천체는 '별·**성단** 등을 비롯해 태양계 같은 수백만 개의 은하와 그곳들의 **행성**·**위성**·**혜성** 등을 통틀어 부르는 말'입니다. 태양계는 태양과 지구를 포함해 수성·금성·화성·목성·토성·천왕성·해왕성의 여덟 개 행성과 여러 천체로 이루어져 있습니다. 연구에 따르면 우주의 역사는 약 137억 년 전에 시작됐으며, 지금도 팽창과 대폭발을 반복하며 변화하고 있다고 합니다. 현재 관측 가능한 우주의 크기는 지름 930억 **광년**으로 추정되며, 아직 우주 전체의 크기는 밝혀지지 않았습니다.

　인류는 우주의 여러 가지 수수께끼를 풀기 위해 끊임없이 탐구하고 연구하고 있습니다. 더 많은 정보를 알아내기 위해 우주 망원경과 우주 정거장, 탐사선과 탐사 로봇 등을 쏘아 올렸고 지금도 올려 보내고 있지요. **우주 탐사**는 1957년 최초의 인공위성인 스푸트니크 1호 발사 성공으로 시작됐으며, 1969년에는 아폴로 11호를 타고 달에 착륙해 인류의 첫 발자국을 남겼습니다. 1980년대에는 유인 우주 왕복선을 이용해 인공위성을 발사하고 우주 공간에서 여러 가지 실험을 진행했지요. 2000년대에 들어서자 많은 국가가 우주 개발에 참여해 계속해서 국제 우주 정거장을 건설하고 있습니다. 우리나라도 1992년 과학 인공위성인 우리별 1호를 시작으로 2013년 나로호 발사에 성공했고, 지금도 꾸준히 우주 탐사에 힘쓰고 있지요.

　사람들은 왜 우주를 탐사하려 노력할까요? 첫째, 우주 자원을 개발하면 지구의 부족한 자원 문제를 해결할 가능성이 높아지기 때문입니다. 둘째, 다른 행성에도 인간 같은 생명체가 존재하는지 탐구하며 생명의 **기원**에 대한 의문을 해결하기 위해서입니다. 셋째, 다양한 과학 기술이 필요한 우주 탐사에 성공하면 우리 일상과 밀접한 연관이 있는 로봇 공학과 인공 지능, 통신 등 여러 분야의 기술이 함께 발전하기 때문입니다. 마지막 넷째는 현재 인류를 위협하는 기후 변화와 자연재해로부터 안전히 생존하기 위해, 다른 행성으로의 **이주** 가능성을 확인해야 하기 때문입니다. 이렇듯 우주 탐사는 인류의 지속적인 발전과 생존을 위한 중요한 과제입니다.

하지만 우주 탐사가 가속화되며 우주 쓰레기 문제도 심각해지고 있습니다. 우리가 쏘아 올린 인공위성의 부서진 파편, 고장 난 우주선, 미사일 잔해가 우주 환경을 위협하고 있기 때문이지요. 우주 쓰레기는 다른 인공위성이나 탐사선과 충돌할 위험이 있으며, 이는 우주 탐사의 안전성을 떨어뜨립니다. 인류가 안전하고 효과적으로 우주를 탐사하고 개발하려면 지속 가능한 탐사 기술의 발전과 국제적인 협력이 필요할 것입니다.

사고력을 키우는 어휘
- **천문학** 우주의 구조, 행성의 운동, 거리 등을 전문적으로 연구하는 학문
- **성단** 중력으로 뭉쳐 있는 별의 무리
- **행성** 중심 별의 강한 힘의 영향으로 타원 궤도를 그리며 중심 별의 주위를 도는 천체
- **위성** 행성의 끌어당기는 힘으로 그 둘레를 도는 천체
- **혜성** 가스 상태의 빛나는 긴 꼬리를 끌고 태양을 중심으로 타원이나 포물선 궤도를 그리며 움직이는 천체
- **광년** 천체와 천체 사이의 거리를 나타내는 단위로, 1광년은 빛이 초속 30만 km로 1년 동안 나아가는 거리
- **우주 탐사** 우주에 탐사선이나 인공위성을 보내 우주 공간을 탐사하는 일
- **기원** 사물이 처음 생김 또는 처음 생긴 근원
- **이주** 다른 곳으로 집을 옮김

내용을 확인해요

✱ 설명을 읽고 맞는 것에는 O로, 틀린 것에는 X로 표기하세요.
- 태양계에는 지구를 포함해 아홉 개의 행성이 있다. (   )
- 인류 최초의 인공위성은 스푸트니크 1호다. (   )
- 사람을 최초로 달에 착륙시킨 우주선은 아폴로 9호다. (   )
- 우리나라 최초의 인공위성은 우리별 1호다. (   )

✱ 인류가 우주를 탐사하는 이유가 아닌 것은 무엇일까요?
① 통신 기술과 인공 지능 등 다양한 기술을 발전시키기 위해서
② 지구에 쓰레기를 버릴 공간이 부족해 우주에 쓰레기를 버리기 위해서
③ 다른 행성으로 이주할 수 있는지 살펴보기 위해서
④ 지구의 자원이 한정적이기 때문에 우주에서 자원을 개발하기 위해서
⑤ 지구 외 다른 행성에도 생명체가 존재하는지 탐구하기 위해서

✱ 우주 탐사를 할 때 우리가 고려해야 할 점은 무엇일까요?

사고력을 높여요

✱ 그림책을 읽고 답해 보세요.

하나 ❋ 책 속에서 생각하기
- 수십억 km 안의 모든 천체가 태양 주위를 벗어나지 못하는 이유는 무엇일까요?
- 수성은 왜 지구 시간으로 176일이 하루일까요?
- 행성과 위성의 차이는 무엇일까요?

둘 🌸 나와 내 주변으로 생각 넓히기

· 인간이 우주를 탐사하는 이유는 무엇일까요?
· 우리는 왜 인공위성을 쏘아 올리나요?
· 인간이 더 이상 지구에서 살 수 없게 된다면 우주에서 살 수 있을까요?

✱ 탐사하고 싶은 행성 또는 별을 고르고, 탐사 계획을 세워 보세요.

탐사 계획서

① 탐사하고 싶은 행성(또는 별)과 그곳에서 탐사하고 싶은 것

② 탐사 방법

③ 준비물

④ 주의할 점

⑤ 탐사지에 대해 미리 알아야 할 내용

✱ 이야기하고 쓰면서 생각을 정리해 보세요.

하나 🌸 옆 사람과 생각 나누기

인류에게 우주 개발이 필요할까요?

필요하다

① 새로운 자원을 얻을 수 있다.
태양 에너지를 연구해 새로운 에너지원을 개발해 자원 고갈 문제를 해결할 수 있다.

② 인류가 살아갈 새로운 장소를 찾아야 한다.
기후 변화와 무분별한 개발로 파괴된 지구에서 다음 세대가 살 수 없을 때를 대비해, 우주에서 새로운 터전을 찾아야 한다.

필요하지 않다

① 오히려 인류에게 재앙이 될 수 있다.
우주 개발로 얻은 지식과 기술을 특정 집단이 독식한다면 어떤 문제가 생길 지 알 수 없다.

② 지구 안의 문제를 해결하는 것이 먼저다.
우주 개발에는 천문학적인 비용이 드는데, 우주 개발에 큰돈을 쓰면 환경, 전쟁, 가난 등 지금 우리가 당면한 문제들을 해결할 수 없다.

둘 ✿ 나의 생각 적기

더 읽어 봐요

《달 가루》 이명하 지음 | 웅진주니어
달 토끼는 보름 동안 열심히 달을 파서 달 조각을 모으고, 그 조각을 곱게 빻아 달 가루로 만듭니다. 그러다 언제부터인가 나타난 곰벌레와 서로 도우며 살기로 하는데, 곰벌레가 도와주자 전보다 많은 달 가루를 모으게 됩니다. 보름달을 채우고 남은 달 가루가 어디로 가서 무엇이 될지 마음껏 상상해 봅시다.

《진짜 진짜 재밌는 우주 그림책》 알베르토 에르난데스 글·카고 다비 그림 | 이강환 옮김 | 라이카미
넓은 우주 이곳저곳을 여행하며 빅뱅과 태양계, 탐사선 등 우주와 우주 탐사에 대한 다양한 사실을 배울 수 있습니다. 우주의 비밀, 우주 경쟁과 우주 탐사, 화성과 또 다른 세계까지 우주와 관련된 흥미진진한 이모저모를 통해 우주 탐사의 방향을 생각해 봅시다.

《신비하고 아름다운 우주》 캐서린 바, 스티브 윌리엄스 글·에이미 허즈번드 그림 | 황세림 옮김 | 노란돼지
약 138억 년 전 대폭발로 인한 우주의 탄생부터 우주 개발이 진행되는 현재까지의 모습을 보여 줍니다. 우주의 역사와 은하, 행성 등의 공간들을 자세히 들여다보며 우주와 태양이 어떻게 만들어졌는지, 지구가 앞으로 어떻게 변할지 생각해 봅시다.

도서 이미지 출처

1장. 나와 친구, 이웃의 마음을 헤아려요
- 《스마트폰을 공짜로 드립니다》 미우 지음 | 노란돼지
- 《나에겐 비밀이 있어》 이동연 지음 | 올리
- 《누군가 뱉은》 경자 지음 | 고래뱃속
- 《그래서 뭐?》 소니아 쿠데르 글 · 그레구아르 마비레 그림 | 제이픽
- 《버럭 아파트》 전은희 글 · 이유진 그림 | 다림

2장. 가족 같은 친구, 동물들의 입장을 상상해요
- 《나는 기다립니다》 표영민 글 · 잠산 그림 | 길벗어린이
- 《네가 되는 꿈》 서유진 지음 | 브와포레
- 《4번 달걀의 비밀》 하이진 지음 | 북극곰
- 《마지막 코끼리》 이노우에 나나 지음 · 유지은 옮김 | 책빛
- 《고라니 텃밭》 김병하 지음 | 사계절

3장. 다른 사람, 다른 나라의 환경을 이해해요
- 《엄마 소방관, 아빠 간호사》 한지음 글 · 김주경 그림 | 씨드북
- 《눈을 감아 보렴!》 빅토리아 페레스 에스크리바 글 · 클라우디아 라누치 그림 | 한울림스페셜
- 《인도에서 온 마무티 아저씨》 임서경 글 · 송수정 그림 | 단비어린이
- 《거짓말 같은 이야기》 강경수 지음 | 시공주니어
- 《빛날 수 있을까》 이지은 글 · 박은미 그림 | 샘터

4장. 갈등 없는 세상, 더불어 사는 삶을 이야기해요
- 《왜?》 니콜라이 포포프 지음 | 현암사
- 《독도 바닷속으로 와 볼래?》 명정구, 안미란 글 · 이승원 그림 | 봄볕
- 《키이우의 달》 잔니 로다리 시 · 베아트리체 알레마냐 그림 · 임나래 옮김 | 마이어날다
- 《온양이》 선안나 글 · 김영만 그림 | 샘터
- 《손을 내밀었다》 허정윤 글 · 조원희 그림 | 한솔수북

5장. 우리의 터전, 지구의 위기를 해결해요
- 《도시에 물이 차올라요》 마리아호 일러스트라호 지음 · 김지은 옮김 | 위즈덤하우스
- 《오늘도 미세먼지》 김민주 지음 | 미세기
- 《플라스틱 빨대가 문제야》 디 로미토 글 · 쯔위에 첸 그림 · 마술연필 옮김 | 보물창고
- 《찬란한 여행》 이욱재 지음 | 달그림
- 《재활용, 쓰레기를 다시 쓰는 법》 이영주 글 · 김규택 그림 | 사계절

6장. 과학이 바꿀 미래, 우리의 역할을 생각해요
- 《돌아갈 수 없는 집》 타오러디 지음 · 박성희 옮김 | 꿈꾸는섬
- 《완벽한 바나바》 테리 펜, 에릭 펜, 데빈 펜 지음 | 북극곰
- 《내가 바로 바이러스》 허은실 글 · 김현영 그림 | 두마리토끼책
- 《포니》 김우영 지음 | 팜파스
- 《한눈에 펼쳐 보는 태양계와 탐사 로켓》 샘 스미스 글 · 피터 도넬리 그림 · 신인수 옮김 | 어스본 코리아

참고 자료

1장. 나와 친구, 이웃의 마음을 헤아려요

- 이지호, "층간소음", 대한의사협회 환경건강분과위원회(네이버 지식백과)
  https://terms.naver.com/entry.naver?docId=3345360&cid=63166&categoryId=58192

- 한국법교육센터 글, 김지훈 그림,《재미있는 법 이야기》, 가나출판사, 2014

2장. 가족 같은 친구, 동물들의 입장을 상상해요

- "공장식 축산", 두산백과
  https://terms.naver.com/entry.naver?docId=6122757&cid=40942&categoryId=31878

- 국립생태원, https://www.nie.re.kr/

- 국립중앙과학관 – 우리나라 텃새, "집비둘기", 국립중앙과학관(네이버지식백과)
  https://terms.naver.com/entry.naver?docId=3386773&cid=46681&categoryId=46681

- "동물복지축산농장 인증제", 두산백과
  https://www.doopedia.co.kr/doopedia/master/master.do?_method=view&MAS_IDX=200831001629494

- "루시네 5코기의 여름나기", SBS〈TV 동물농장〉, 2024.8.4. 방송

- 박수진, "인간과 동물이 공존할 수 있는 디자인",〈디자인프레스〉, 2022.11.21.
  https://m.blog.naver.com/designpress2016/222934225081

- 식품의약품안전처-식품안전나라, foodsafetykorea.go.kr

- "유해 야생 동물", 네이버국어사전
  https://ko.dict.naver.com/#/entry/koko/2c83e155f7944f43aa286b5e28496f42

- 이상돈,〈공영동물원 실태조사 보고서: 동물복지·보전·교육 측면에서 본 공영동물원의 현황과 개선 방안〉, 농림축산식품해양수산위원회, 2020

- 이영규, "야생동물이 살 수 없는 환경에선 사람도 살 수 없다",〈어린이조선일보〉, 2023.05.22.
  http://kid.chosun.com/site/data/html_dir/2023/05/22/2023052201861.html

3장. 다른 사람, 다른 나라의 환경을 이해해요

- "2019년 이후 기아 인구 1억 2,200만 명 증가", 유니세프, 2023.07.13.
  https://www.unicef.or.kr/what-we-do/news/174290

- 국제노동기구, https://www.ilo.org/topics/child-labour

- 국제아동인권센터, http://incrc.org/uncrc/

- "빈곤과 기아 문제를 해결하기 위한 노력 조사하기", 천재학습백과 초등 사회 6-2(네이버 어린이백과)
  https://terms.naver.com/entry.naver?docId=6538818&cid=58584&categoryId=58685

- 신중섭·이건율, "다문화학생 20만 달하는데… '같은 학교 안 돼요' 차별 여전", 〈서울경제〉, 2023.9.11.
  https://www.sedaily.com/NewsView/29UN5EEYHS

- "양성평등에 대해서 알아보기", 에듀넷 티-클리어
  https://www.edunet.net/nedu/contsvc/viewWkstCont.do?clss_id=CLSS0000000362&menu_id=81&contents_id=f0b33897-6a37-4f3e-805f-26f517b78aec&svc_clss_id=CLSS0000072381&contents_openapi=naverdic

4장. 갈등 없는 세상, 더불어 사는 삶을 이야기해요

- EBS 지식채널ⓔ 제작팀, "세계 여러 곳에서 고통받는 난민", 〈EBS 어린이 지식e: 생각하는 힘을 키워주는 감성지식창고〉(네이버지식백과)
  https://terms.naver.com/entry.naver?docId=3430784&cid=58436&categoryId=58436)

- "[국가 보훈처] 6.25전쟁, 잊을 수 없는 상처", 〈EBS Learning〉
  https://www.youtube.com/watch?v=-ECci4sNuYc

- [뉴스G] 평화를 향한 위대한 여정", 〈EBS 뉴스〉, 2014.6.2. 방송

- "민족의 비극 6·25 전쟁", 천재학습백과 초등 스토리텔링 한국사(네이버어린이백과)
  https://terms.naver.com/entry.naver?docId=3550877&cid-=58584&categoryId=58730

- 양대승·신재일 글, 조정근·이창섭 그림, 김용신·김봉석 감수, 《재미있는 독도와 역사 분쟁 이야기》, 가나출판사, 2014

- 최인수·공미라·김수옥·김애경·김지수·노정희 지음, 강석화·정재정·차미의 감수, 《한국사 개념사전》, 아울북, 2015

- "히스토리 에어라인", TVN 〈벌거벗은 세계사〉, 2022.4.26. 방송

5장. 우리의 터전, 지구의 위기를 해결해요

- "국내 쓰레기 분리배출 역사와 분리배출 방법", 수도권매립지관리공사 공식 블로그, 2017.6.30.
  https://blog.naver.com/slcdream/221040957509

- 강로사 글, 박현주 그림, 《쓰레기 산의 비밀》, 썬더키즈, 2020

- 김은경, 《플라스틱 아일랜드》, 파란정원, 2017

- 김은의 글, 지문 그림, 《안 사고, 다시 쓰고, 돌려 쓰고》, 우리학교, 2023

- 김지형·조은수 글, 김지형 그림, 안윤주 감수, 《미세미세한 맛 플라수프》, 두마리토끼책, 2022

- 연세대학교 언어정보개발 연구원, 《동아 연세 초등 국어사전》, 동아출판, 2020

· 양혜원 글, 소복이 그림, 《오늘 미세먼지 매우 나쁨》, 위즈덤하우스, 2016

· 오현경, "바다로 흘러가는 미세플라스틱… '법적 규제 강화해야'", 〈환경경제신문 그린포스트 코리아〉, 2021.12.01.
https://www.greenpostkorea.co.kr/news/articleView.html?idxno=130884

· 이화영 글, 주형근 그림, 《오늘도 나쁨! 작아서 더 무서운 미세먼지》, 뭉치, 2021

· 한국 기후·환경 네트워크-탄소발자국 계산기, https://www.kcen.kr/tanso/intro.green

· 환경부, 〈바로 알면 보인다. 미세먼지, 도대체 뭘까?〉, 환경부, 2016

· 환경부 수도권대기환경청 "미세먼지 바로 알기"
https://www.me.go.kr/mamo/web/index.do?menuId=16201

· 환경부, 〈재활용품 분리배출 가이드라인〉, 환경부, 2018

· 황은주, "쓰레기를 줄이자", 국가기록원
https://theme.archives.go.kr/next/koreaOfRecord/TrashWeight.do

6장. 과학이 바꿀 미래, 우리의 역할을 생각해요

· 남숙경·이승경, 《파워풀한 실전 과학 토론》, 특별한서재, 2022

· "독일, 모든 원전 가동 중단… 찬반 논란 팽팽", MBC 〈뉴스투데이〉, 2023.04.17.
https://www.youtube.com/watch?v=0KQJzmh3tlI

· "바이러스", 분자·세포생물학백과(네이버 지식백과)
https://terms.naver.com/entry.naver?docId=5751196&cid=61233&categoryId=61233

· 윤순진·정연미, 〈원자력 발전에 대한 독일 학교교육 분석〉, 《한국지리환경교육학회지》 21권 3호, 2013

· 한국물리학회, "우주", 물리학백과(네이버 지식백과)
https://terms.naver.com/entry.naver?docId=5810634&cid=60217&categoryId=60217

· 한국천문학회, "태양계", 천문학백과(네이버 지식백과)
https://terms.naver.com/entry.naver?docId=5753132&cid=62801&categoryId=62801

초등 공부가 쉬워지는
그림책 수업

1판 1쇄 인쇄 2024년 11월 12일
1판 1쇄 발행 2024년 11월 20일

지은이 그림책사랑교사모임
펴낸이 김성구

책임편집 류다경
콘텐츠본부 고혁 양지하 김초록 이은주 이영민
디자인 김민지
마케팅부 송영우 김지희 김나연 강소희
제작 어찬
관리 안웅기

펴낸곳 (주)샘터사
등록 2001년 10월 15일 제1-2923호
주소 서울시 종로구 창경궁로35길 26 2층 (03076)
전화 1877-8941   **팩스** 02-3672-1873
이메일 book@isamtoh.com   **홈페이지** www.isamtoh.com

ⓒ 그림책사랑교사모임, 2024, Printed in Korea.

이 책은 저작권법에 따라 보호를 받는 저작물이므로 무단전재와 복제를 금지하며
이 책의 내용 전부 또는 일부를 이용하려면 반드시 저작권자와 (주)샘터사의
서면 동의를 받아야 합니다.

ISBN 978-89-464-2293-3 (03370)

값은 뒤표지에 있습니다.
잘못 만들어진 책은 구입처에서 교환해 드립니다.

샘터 1% 나눔실천
샘터는 모든 책 인세의 1%를 '샘물통장' 기금으로 조성하여 매년 소외된 이웃에게
기부하고 있습니다. 2023년까지 약 1억 1,200만 원을 기부하였으며, 앞으로도 샘터는
책을 통해 1% 나눔실천을 계속할 것입니다.

| 제조자명 : 샘터사 | 제조국명 : 대한민국 | 제조년월 : 2024년 11월 12일 |
| 대상 연령 : 8세 이상 | 전화번호 : 1877-8941 | 주소 : 서울 종로구 창경궁로35길 26 2층 |

• KC 마크는 이 제품이 공통안전기준에 적합하였음을 의미합니다.
• 주의 : 책의 모서리에 다치지 않게 주의하세요.